名师名校名校长

凝聚名师共识
回应名师关怀
打造名师品牌
培育名师群体

程晓远题

高中英语教学规划与操作的

100个问题

王宗迎 ◎ 著

东北师范大学出版社

长 春

图书在版编目（CIP）数据

高中英语教学规划与操作的100个问题 / 王宗迎著
. — 长春：东北师范大学出版社，2019.7
ISBN 978-7-5681-6051-3

Ⅰ.①高… Ⅱ.①王… Ⅲ.①英语课—教学研究—高
中 Ⅳ.①G633.412

中国版本图书馆CIP数据核字（2019）第151450号

□策划创意：刘　鹏
□责任编辑：钱黎新　张　冉　□封面设计：姜　龙
□责任校对：刘彦妮　张小娅　□责任印制：张允豪

东北师范大学出版社出版发行
长春净月经济开发区金宝街 118 号（邮政编码：130117）
电话：0431-84568115
网址：http：// www.nenup.com
北京言之凿文化发展有限公司设计部制版
廊坊市金朗印刷有限公司印装
廊坊市广阳区廊万路 18 号（邮编：065000）
2022年6月第1版　2022年6月第1次印刷
幅面尺寸：170mm×240mm　印张：17.5　字数：300千

定价：49.80元

时光在不经意间流逝，转眼我已从初涉教坛的青葱少年变成了从教二十载的中年大叔。回想起工作的初期，我在教学中遇到了诸多困惑，并对一些现成的做法提出了疑问。我带着问题去学习、探索、实践，逐步形成了具有个人风格的教学操作方法，在班级及学校教学的整体引领上都取得了较好的成效，我的这些方法也在不同层面上得到了广泛应用。

现在，也有不少比我更年轻的教师来和我商讨一些教学及管理上的问题（在本书中，教龄三年的小E老师是一位代表），我萌生了要把自己多年来的思考和实践用文字记录下来的想法，希望能够与更多的人分享，希望能令人有所启发。

高考是智力与毅力的比拼。依我之见，在高考中，学校及教师能够在三个方面帮助学生：一是"深入研究"，即把握好学科的学习方法，研究透彻高考的要求及特点，为学生找到优质的"粮食"；二是"科学规划"，即筹划好高中三年的教学任务及进度，将三年时间做整体安排，使其呈螺旋阶梯式上升；三是"精细落实"，即把握决定成败的每一个细节，严格抓好每一名学生的学习，落实好每一个教学任务。

因此，本书内容也分为三个部分。第一部分是"深入研究篇"，讨论的问题包含"从中文的学习思考外语教学""如何科学选题""如何平衡学习、练习与测试的关系"等35个问题。第二部分是"科学规划篇"，包含笔者探索的三年教学整体规划的各个方面，从词汇、音标、语法的学习，到单元、学期、高三复习、考前一个月等相关安排，共有35个问题。第三部分是"精细落实篇"，讨论了"如何批改落实学生的听写""如何练好考场字体""如何布置可以检测的作业"等30个问题。

　　我在读书时学习过小学英语教学法，工作时教过三年的初中，后教高中十余年。我在乡村学校任教过，也在城市学校任教过；我教过普通高中学生，也教过中职学生；我教过一般高中，也教过重点高中。多年的教学经历，让我能够以更理性的眼光看待教与学的各种关系，也更了解一线教师的心声，同时，我所写的内容也较朴实、直接。

　　本书的出版，是我多年来学习及教学的结晶。借此机会，感谢引领我走进科研之门的导师——华南师范大学的何广铿教授，感谢允许我"偷师"听课的广东外语外贸大学的王初明教授。同时，感谢张华鸿教授和罗朝晖教授的传道授业，感谢蔡任栋博士的一路引领。此外，还要感谢"三名书系"的汤萌萌老师，没有她善意的一再督促，恐怕这本书至今仍难以完成。

王宗迎

2019年1月

目录

第一篇 **深入研究篇**

No.1　外语学习与其他学科有什么不同？ …………………… 2

No.2　汉语学习对英语学习有什么帮助和启示？ ………… 4

No.3　什么是"阈值假说"？ ………………………………… 6

No.4　我们自己可以验证"阈值假说"吗？ ……………… 8

No.5　语言知识真有那么重要吗？ ………………………… 10

No.6　传统的高三复习有什么问题？ ……………………… 12

No.7　外语教师如何探讨教学方法？ ……………………… 14

No.8　科研是否高不可攀？ ………………………………… 16

No.9　如何看待教学方法的选择？ ………………………… 18

No.10　高考备考用历年真题好还是原创题好？ ………… 20

No.11　科学选题有多重要？ ………………………………… 22

No.12　如何建设科学的题库？ ……………………………… 24

No.13　速读题高考能考查吗？ ……………………………… 26

No.14　英语学习与篮球训练有什么相似之处？ ………… 28

No.15　如何平衡学习、练习和测试的关系？ …………… 30

No.16　新时代的外语学习还需要背诵吗？ ……………… 32

No.17　应该持何种态度面对改革？ ………………………… 34

No.18　如何看待学生思维能力的培养？ ………………… 36

No.19　有没有锻炼批判性思维能力的案例？ …………… 39

No.20　学科核心素养的核心是什么？ …………………… 43

No.21 新高考改革是否不需要用成绩来评价了？ ·········· 45

No.22 《普通高中英语课程标准（2017年版）》有哪些变化？ ·········· 47

No.23 《普通高中英语课程标准（2017年版）》有哪些不变的内容？ ··· 50

No.24 如何开展以文化为内容载体的语言学习？ ·········· 53

No.25 应该培养学生哪些学习策略？ ·········· 56

No.26 《普通高中英语课程标准（2017年版）》对高考命题有什么指引？ 59

No.27 如何看待高考试题中的不公平因素？ ·········· 63

No.28 高考英语一年两考有什么反拨作用？ ·········· 65

No.29 英语听说考试公平吗？ ·········· 67

No.30 为什么高考会考读后续写题？ ·········· 69

No.31 信息技术在英语教学中有哪些应用方式？ ·········· 71

No.32 学生人手一台平板电脑有帮助吗？ ·········· 73

No.33 如何利用国家提供的各类资源？ ·········· 75

No.34 如何开展科组活动？ ·········· 77

No.35 如何操作"同课异构"的研讨？ ·········· 79

第二篇 科学规划篇

No.36 如何规划高中三年的学科教学？ ·········· 82

No.37 课程计划具体如何操作？ ·········· 85

No.38 有没有高中三年规划的具体时间表？ ·········· 87

No.39 一个单元的课时应该如何安排？ ·········· 90

No.40 平时的单元测验都有什么题型？ ·········· 93

No.41 高三一轮复习应该如何进行？ ·········· 96

No.42 高三一轮复习如何具体安排？ ·········· 99

No.43 考前一个月应如何安排？ ·········· 102

No.44 考前最后10天应如何安排？ ·········· 105

No.45 最后阶段的每日安排表应如何制作？ ·········· 107

No.46　普通高中如何与义务教育课程衔接？ ············· 110

No.47　可以组织哪些学生竞赛？ ····················· 112

No.48　课文精读学习有何要求？ ····················· 114

No.49　如何做好音标过关？ ························· 116

No.50　如何帮助学生精学课文词汇？ ················· 118

No.51　语法学习有哪几种途径？ ····················· 122

No.52　如何精学课文中的语法？ ····················· 124

No.53　精读课文的朗读要达到什么要求？ ············· 127

No.54　精读课文的听力要达到什么要求？ ············· 130

No.55　精读课文产出性表达有什么要求？ ············· 132

No.56　上阅读课应该预习吗？ ······················· 135

No.57　如何用"技巧地图"帮助学生提高解题能力？ ····· 137

No.58　怎样开展"我来带读"活动？ ················· 139

No.59　课前三分钟有哪些形式？ ····················· 140

No.60　试题讲评课有哪些形式？ ····················· 142

No.61　如何设计一个短期英语训练课程？ ············· 144

No.62　怎么给即将入学的新生布置暑假作业？ ········· 147

No.63　如何布置有效的寒暑假作业？ ················· 150

No.64　怎样利用好听力训练的时间？ ················· 154

No.65　如何安排英语听说上机训练？ ················· 156

No.66　平时可以采用哪些英语听说测试形式？ ········· 159

No.67　平时的英语口语考试应如何操作？ ············· 161

No.68　如何给学生做英语听说考试考前指导？ ········· 164

No.69　机改的英语听说考试有什么特别需要注意的事项？ ··· 168

No.70　如何降低英语听说训练的难度？ ··············· 171

第三篇 精细落实篇

No.71 词汇学习有哪三条大的主线？ …………………… 176

No.72 如何让学生意识到词汇的重要性？ …………… 178

No.73 词汇听写的方式科学有效吗？ ………………… 180

No.74 如何确定词汇的等级？ ……………………… 181

No.75 每天坚持记忆词汇的力量有多大？ …………… 184

No.76 如何安排词汇的测试和竞赛？ ………………… 186

No.77 学生能承受强度这么大的词汇记忆吗？ ……… 188

No.78 如何批改和落实学生的听写作业？ …………… 190

No.79 词汇测试练习有哪些形式？ ………………… 192

No.80 如何看待高频词汇？ ………………………… 199

No.81 如何抓住作文评卷教师的心？ ………………… 201

No.82 如何练习好考场书写？ ……………………… 204

No.83 什么是"三步进阶"书写练习法？ …………… 206

No.84 为何学生不重视复习英语考试？ ……………… 210

No.85 如何布置可检测的课后作业？ ………………… 212

No.86 如何发挥过程性评价的效果？ ………………… 215

No.87 如何组织一次有效的英语测试？ ……………… 217

No.88 如何利用"过关证书"激励学生？ …………… 221

No.89 如何利用广播公布学生的考试结果？ ………… 224

No.90 如何争取应有的学科学习时间？ ……………… 228

No.91 如何与领导沟通学科学习时间的问题？ ……… 230

No.92 如何开展听力巡查？ ………………………… 233

No.93 如何利用自制校园报纸辅助教学？ …………… 237

No.94 如何利用视频辅助教学？ …………………… 242

No.95 如何用 VOA 新闻视听材料辅助教学？ ……… 244

No.96 如何组织英文课外阅读活动？ ………………… 250

No.97　如何有效地利用早读? ···················· 252

No.98　如何开展分层教学? ······················ 254

No.99　如何在升旗仪式讲话上谈英语学习? ·········· 257

No.100　什么是"VIP"备考模式? ················ 259

后 记 ·· 262

第一篇

深入研究篇

1

No.1 外语学习与其他学科有什么不同？

❓ E 的困惑

在平时的教学安排中，或许是为了统一操作、方便管理，学校会倾向给予英语学科和其他学科同等的要求，安排等量的测试与练习。难道英语的学习方法与其他学科的学习方法可以等同吗？

🔧 W 的解答

我尝试过让高二的学生在学期期末时做高考试题。结果，学生与本校高三学生分数相差10分左右。部分优秀生，哪怕在高一结束的时候做高考试题，也可以得80分左右。如果学生在高一期末参加数学、物理、化学这些理科的高考考试，其成绩和英语考试会相差甚远，原因在于这些学科知识较多的是板块性的知识。如果学生没有学过该板块的知识，则不能答对相关的题目。而英语学科的知识大部分是非板块性的，属于综合性的知识。在高考中，各部分题型的知识难度相关，极少出现一名学生阅读理解成绩很好，但是完形填空、语法填空、写作等方面很差的情况，而其他一些学科则不同。以数学学科为例，可能一名学生对数列这一板块的知识掌握得很好，做题能得满分；但是他对立体几何板块知识不过关，得分就会很低。

除了具有综合性特点，英语学科知识还具有包含性特点。英语高阶的知识中也必然包含着低年级的知识。例如，在高三的一篇文章中，也必然会包含着最基础的冠词、介词、基础时态等方面的知识。因此，在学习高年级内容的同时，也在复习低年级的内容。

英语学科的综合性、包含性的特点对学生的学习既有好的地方，又有不好的地方。好的地方主要有两点：一是学生在低年级也能做难度较低的高年级的试题，不至于出现大面积空白的情况，这对学生学习的兴趣和信心有帮助。二是不必专门整理出学习资料，一切英文文章几乎都可以成为学习英语的材料，如报纸、新闻、小说、鸡汤美文、商品盒子的广告语、一张宣传单等。

而英语学科的综合性和包含性特点带来的不利方面也是明显的，最主要的是不能显著地体现学习的进步。学生认真学习了一个星期，成效难以在考试中立即体现出来。而其他一些学科，你只要花两天把一个板块的知识学会，在考试中就能把该板块的相关题目做好，得到5分或者10分。这样很容易导致学生看不到终点，失去学习的积极性。同样，一个月不学英语学科，退步情况也不会十分明显，对于一些学优生更是如此。部分英语优秀的学生在高三时，考虑到自己的成绩比较稳定，而其他高考学科的学习压力又大，往往忽视了英语的持续学习。一个星期不学，没有问题；一个月不学，做题时就会感觉有点把握不准，但是也没有明显地反映在分数上；两三个月不学，就会发现自己原来有优势的英语学科突然退步了，而且并不是自己花几天时间就能一下子补回来的！英语学科的这些特点也会导致学生在日常做作业时不能认真对待。这样日积月累，必然会大大影响学生的学习成绩。

因此，教师需要做的是跟学生解析清楚不同学科的不同学习特点，让学生明白英语的学习并非一蹴而就，而是贵在坚持。同时，为了让学生能够较快地体会到英语学习的进步，教师也可以针对写作、语法这些可以归为板块性的知识让学生进行分项突破。

No.2 汉语学习对英语学习有什么帮助和启示?

ⓔ 的困惑

经过学前接触和长时间的学校读写学习，中国高中学生的汉语水平已经非常高了。那么，学生学习汉语的过程与方法对学习外语有何启示？

ⓦ 的解答

同属于语言，汉语和外语的学习有诸多共同之处，但是因为学生的年龄和学习的环境等不同，两者存在一定的区别。我认为，把汉语学习和外语学习联系起来思考对外语教师有一定的启发。

1. 高中英语相当于英美国家低年级的英语水平

高中阶段的英语，可能相当于英美国家三、四、五年级学生的语文水平。教师可以找来美国的小学语文教材看看，亲身感受一下，上网可以查找到"加州语文教材"的部分相关信息。与我国小学语文教材的要求可以大致做出对比，我国小学语文要求识字3000个，写字2500个，这跟高中的词汇量要求接近。而对写字方面来说，即对英语"四会词"的要求，似乎我国小学语文比高中英语的要求更高。

2. 高中英语学习可以借鉴小学语文及中学古汉语的学习

正因为高中英语跟小学语文的难度相当，在诸多的学习环节都可以向小学语文借鉴。例如，小学语文教学十分强调学生对生字的认读、抄写、听写，以及对课文的反复朗读、背诵。我们学习外语更加应该扎实地把字词学好，把句子、篇章理解透彻，把文章读熟。

另外，我认为，中学的古代汉语教学也与高中英语有相似之处。学生对古代汉语的词句有很多难以理解的地方。语文教师在教授古文时，通常是先引导学生理解透彻词语的意思，进而理解句子的含义。在此基础上，教师再进行文章思想内容的解读。

3. 英语学习可以借鉴小学语文学习的一些操作方法

小学语文要求每个字学会组词3个。因此，高中英语也可以让学生学会每个单词扩展学习3~5个词汇或词块。

小学教师很重视生字词的听写。小学生基本上每天都有听写练习，还有阶段性的小循环和大循环。听写一般由家长完成，教师在课堂上也会进行听写检查。高中英语教学也应该把识字提高到如此重要的位置，日常可以让学生采取同学相互听写、小组长抽查听写、教师听写等听写检查方式。

小学生做题也要养成较好的习惯，无论是语文题还是数学题，在做题时都会根据教师的要求把关键词句画出来。而到了高中，一些学生在做阅读题、完形填空题时却把这种良好的习惯全丢了。

4. 高中的语文思维水平已经很高了

因为受到文本难度的限制，高中的英语文本不能表达过于深奥的思想内容。这些英语阅读材料与高中语文的阅读材料相比，应该算是"小儿科"了。因此，根据阅读材料设置的问题，也不可能过于复杂。试想，高中生都已经具备了解决高中语文那么难的文本深度理解能力，解决英语的这些问题是否会更容易？当然，我们假设的前提是学生能够理解词句的意义。关于这一点思考可以引申出一个话题：外语学习中，是语言知识重要还是技巧更加重要？

No.3 什么是"阈值假说"?

❓ⓔ的困惑

既然母语的阅读学习和外语的阅读学习有所区别,那我们为何较少看到相应的理论支持呢?

ⓦ的解答

没错,在外语阅读教学的理论研究上,我们的注意力主要都集中在比较宏观及高阶的学生阅读能力和阅读思维的培养上,而较少关注微观及基础性的阅读知识。但是,这并不意味着这些基础性的知识,如语音、词汇、语法在阅读理解中就不重要。当然,在理论界的研究中也有很多相关内容的研究,只不过缺乏重视而已。

Gough(高夫)提出了自下而上模式(The Bottom-Up Model)。他认为在读者能够从文本中获取意义前,读者在视觉上必须注意每一个字母。这种自下而上模式,认为阅读是基于字母、单词、词组、句子等语言单位的详细而精确的辨认过程,其得到的意思是这些语言要素意思相加的总和。这种模式没有体现阅读过程的多样性和信息来源的丰富性,因而遭到了人们的质疑——语言单位的简单相加并不一定能完全理解文章。

Goodman(歌德门)提出了自上而下模式(The Top-Down Model)。他认为阅读就是一种"心理语言学的猜谜游戏",读者利用语言的字面、句法和语义系统来帮助猜测文章的意义,并通过读者过去的经验和知识对猜测进行核实。在这种自上而下阅读模式的影响下，有的教师认为解题技巧是影响阅读成绩的主要因素，需要教会学生用语言知识以外的因素来达到理解阅读文章的目的。

其实，这两种阅读模式都正确，但都有其片面性。因此，Rumel-hart（兰哈特）和Bern-hard（本哈特）提出了阅读的交互模式（The Interactive Model），他们认为阅读理解不是自始至终以一种模式独立进行的，阅读过程是自下而上和自上而下这两种过程的相互作用。当我们阅读一篇文章时，我们至少有两个活动同时在进行。一个活动是从单词、短语、句子等语言形式上进行字面理解；另一个活动是利用个人的常识和背景知识重建信息。

听上去，交互式阅读模式很有道理，但是，这主要是针对母语阅读提出来的阅读理论，而非针对外语学习者。于是，有学者开始探索在外语学习者的阅读过程中，基础性的语言知识与阅读技巧对外语阅读理解的影响程度。

这里给大家介绍一下"阈值假说"（The Threshold Hypothesis）这个概念。Clarke于1979年在*Language Learning*上发表论文 *Reading in Spanish and English: Evidence from Adult ESL Students*，认为外语阅读能力主要由外语语言水平决定。而且，外语学习者需要具备一定的外语表达能力，即达到一定的"语言阈值"后，才能把母语阅读技巧迁移到外语阅读上。

之后，一些学者采用实证的方法对"阈值假说"进行验证。其中有部分研究者支持"阈值假说"，也有个别研究者不支持。

其实，"阈值假说"提出来的背景就是针对外语阅读的不同性质，而不同阶段的外语学习者的外语水平和阅读任务又有所不同。因此，我们不能照搬书本上的理论，要想知道"阈值假说"在高考的英语阅读中是否存在，如果存在，其影响程度如何，还需要通过以高中生为被试来进行验证。

No.4 我们自己可以验证"阈值假说"吗?

❓ Ⓔ的困惑

如何通过以高中生为被试来验证"阈值假说"?以前有人做过吗?如果没有,我们自己可以做吗?

Ⓦ的解答

的确,之前没有人用中国参加高考的高中生开展过这类实验。高中生的知识水平有异于之前一些研究的实验对象。之前的实验对象多是在外语国家生活的第二语言学习者或者大学生,学习者的基础、学习动机和阅读任务都与高中生不同。因此,我们开展这项研究很有必要!

前些年,我进行了这样一个实验。为了方便读者阅读,我这里只是简单地做一个介绍,如果有想了解整个研究详情的读者,可以查阅我于2011年10月发表在《山东师范大学外国语学院学报(基础英语教育)》上的《母语阅读能力和外语水平对外语阅读的影响》一文。

我的研究数据来自2010年4月广东省佛山市的二模语文和英语考试,抽样人群为佛山市南海区所有参加本次模拟考的学生,共12550人。以往的研究仅限几个或者数十个实验对象,而本次研究有如此庞大和多样的抽样人群,应该能更好地反映实际情况。

正如论文的题目所示,该研究是为了探索母语阅读能力和外语水平对外语阅读的影响,母语阅读能力在一定程度上代表了阅读的技巧水平。受试者的母语阅读能力以语文考试试题的现代文阅读部分的成绩计算，受试者的外语语言水平用英语科试题除阅读外部分的成绩来测算。

最后，在通过运用一元线性回归分析和多重线性回归分析等统计方法进行统计分析后发现：①母语阅读能力和外语语言水平都对外语阅读有显著影响，外语语言水平比母语阅读能力对外语阅读的影响更大；②外语语言水平比母语阅读能力对主旨要义题、推理判断题、词义猜测题和信息理解题的影响更大。外语语言水平和母语阅读能力对主旨要义题、推理判断题和信息理解题的影响差异较小，但母语阅读能力对词义猜测题的影响不显著。

之后，我们尝试验证"阈值假说"是否在高中外语阅读中起作用。所有测试者根据外语语言水平成绩按照每10分为一个分数段进行分组。结果显示，在第1～5水平组（外语低水平组），母语阅读能力对外语阅读成绩的解释力不显著；在第6～10水平组（外语高水平组），母语阅读能力对外语阅读成绩的解释力显著。可以观察到，在第5和第6水平组之间存在一个明显的阶梯，这就是高中生英语阅读中存在的"阈值"，即学习者的外语语言水平需要达到一定程度时，才能把母语阅读能力迁移到外语阅读中来。

No.5　语言知识真有那么重要吗?

❓ Ⓔ 的困惑

刚才听了您对于"阈值假说"的论证,我颇感新奇。不过单就阅读技巧和外语水平对阅读理解的影响而言,我感觉外语水平这方面讲得还是比较笼统,而且外语水平对阅读理解有更大影响也正常。听说您在这方面有更具体的研究,可以介绍一下吗?

Ⓦ 的解答

是的,之前谈到的研究更多的是为了验证"阈值假说"的存在。"阈值假说"认为,即使学习者在母语的学习中已经培养了良好的阅读技巧,也需要具有一定的外语水平才能够把这些技巧迁移到外语阅读中。

外语知识水平对外语阅读有更重要的影响,这个似乎可以预料。而且,外语水平颇有点难以捉摸的感觉。其实,我觉得,对阅读这项外语学习中最重要的技能影响最大的还是词汇和语法这些语言知识。当然,这些也是外语水平的一部分。为了验证我的假设,我做了另外一个实验。(想了解详细过程的读者可以查阅我发表在《基础教育外语教学研究》2011年第4期的《语言知识在高中外语阅读理解中的作用》一文,或者直接联系我。)下面我简略介绍一下。

我猜想,外语学习者的语言水平在很大程度上可以由词汇和语法这两项基础知识体现。如果将阅读材料中的词汇和语法结构改编得简单一些,外语水平低的学习者做经过改编后的简单的阅读题是否能做得更好呢?如果是,在多大程度上能做得更好呢？

我选取了4篇阅读实验测试材料，都是2009年各地的高考真题，分别是浙江省的阅读理解A篇、上海市的阅读理解C篇、江苏省的阅读理解B篇和北京市的阅读理解C篇。四篇文章有两篇记叙文，一篇科技说明文，一篇议论文。15道题目中分别有具体信息题7道，推理判断题5道，主旨要义题2道，篇章结构题1道。

我将阅读材料的词汇和语法知识，通过同义词替换、标注中文和句法简化三种途径改编简单化，而其他内容保持不变，让低水平的学生读简化版本，高水平的学生阅读原版。结果显示，通过阅读简化版，低水平学生的阅读总成绩与高水平学生阅读原版的阅读总成绩没有显著差异。而且，高、低水平组的学生在具体信息题、推理判断题、主旨要义题和篇章结构题方面的成绩也没有显著差异。实验结果表明，外语语言知识在外语阅读中起到关键的作用，而且理解具体信息、推理判断、归纳主旨要义、理解篇章结构等阅读技能也受语言知识的影响。

语言图式、内容图式和形式图式三者对外语阅读都有影响，但是作用孰轻孰重却要谨慎考量。内容图式所体现的背景知识和形式图式所体现的文章篇章结构的知识在阅读中固然也起到重要的作用，但是笔者认为它们在高中外语阅读中的作用相对较小。因为高中的外语阅读话题贴近学生的生活及认知水平，没有涉及专业化的话题；而且，受到学生语言知识的限制，高中外语阅读题的文章通常篇幅不会太长，篇章结构也不会过于复杂。这有可能是外语语言知识在高中外语阅读中起到更重要作用的原因之一。

我在后来的教学中还进行过多次类似的实验，其中有仅简化为直接提供部分词汇的中文给低水平组，也取得了类似的结果。

No.6　传统的高三复习有什么问题？

？Ｅ的困惑

高三的复习，就是跟着传统复习的步伐，先把学过的课本从头到尾复习一遍，穿插语法知识的复习，这就是一轮复习；然后分题型专项训练，称为二轮复习；最后再进行大量的套题训练，冲刺高考，称为三轮复习。我个人总感觉这种安排有问题，但是又不明确问题在哪里。

Ｗ的解答

1. 传统的高三复习有知识停滞之嫌

学生按照难易程度在高一和高二阶段已阶梯式地把知识学习完。同时，因为英语知识具有包含性的特点，在高二的学习必然又复习了高一的知识。学生的能力呈现逐步上升的趋势。而到了高三，传统的一轮复习一下子将学生原来在高二期末的学习难度又降回到了高一开学时的学习难度，倒退两年，再从头开始。而这个过程又根据不同学校的操作，从三四个月到半年不等，尤其是如果在高三停顿下来花上三个月的时间复习高一阶段的知识，将会对学生知识和能力的提升产生一定程度的停滞影响。

当然，教师在一轮复习时也会给学生安排高考题等练习和测试，但是一周一半以上的课堂时间还是安排对高一内容的复习。课堂是教学的主阵地，是学生学习的指针和方向标，教师理应在课堂上给学生的主要复习方向做示范和引领。

当然，我并不反对进行课本复习；反而，我认为复习的力度应该更大，学生才不至于到了高三把高一、高二的知识"全忘了"。

2. 传统的高三复习有把英语知识模块化之嫌

而到了二轮复习，教师通常会根据高考题型把复习课分成若干个专项，逐项进行教学。在这个过程中，教师会教给学生大量的解题技巧，希望学生在复习完基础知识后，通过这些技巧训练，能够在高考中获得高分。其实，英语能力是综合性的，这种把英语知识过分模块化的做法并不会让学生的语言能力得到应有的提升。

因此，我认为，在二轮复习中仍然需要提升学生的综合语言能力，而不应该只进行分项的技巧训练。当然，我并不反对进行适量的专题点拨讲解和训练，只是觉得我们现在的教学有过度、过量之嫌。

3. 过度强调复习的轮次

或许是受其他学科的影响，英语学科的三轮复习也执行了多年。其实，只要英语的综合能力提高了，在考前进行适量的试题熟悉训练（如10套题），无论高考用什么题型，学生也都能把自己真实的水平体现出来；反之，学生的语言能力不行，即使进行了海量的练习和模拟，最后进步还是甚微。这样的例子难道还少吗？

现在已有越来越多的教师接受了英语高三复习"不分轮次"的观点，但是还没有形成科学、具体、可操作的方法。希望我在英语教学中的探索能给大家一些启示。

No.7 外语教师如何探讨教学方法？

❓ E 的困惑

毕业后，发现在学校里学到的教学方法不够用，仍然需要根据高考重新理解高中英语教学。参加工作后，再次系统地接受培训的机会也少了，那么，在职教师有没有什么办法能够更好地探索教学方法呢？

🔍 W 的解答

我们或许不必去读厚厚的理论专著，用一些简单的方法类比，就能够更好地思考外语应该怎么教、怎么学？

1. 从小学语文的学法来思考英语学习

在前面章节中已经有所谈及，小学语文的难度与高中英语的难度接近，小学语文注重字、词、句的学习和记忆，注重篇章朗诵，注重理解性阅读等学习方法，这些都值得高中英语教师借鉴。

2. 用学习外语的方法思考教学方法

英语教师都是优秀的外语学习者。作为成功的外语学习者，我们在外语学习过程中的方法应该是科学有效的。在平时和其他教师交流时，我提到过我学外语主要是通过朗读和背诵，也注重对文章的精读和半精读，读后摘录重要内容学习，并没有大量地、一知半解地做一大堆模拟题。其他教师听后都深有同感。但是，也有很多教师表示，现在并不是用这样的方法指导和要求学生来学习英语。

教师应该对正确的做法有充足的自信。只有教师坚信、坚持，学生才能够有信心相信教师提倡的方法。在学生多学科学习的博弈中，教师应该向学生讲明白英语学习的特点，多布置可测量、可检测的课后作业，并运用检测手段指引学生落实教师希望他们掌握的内容。

3. 尝试学习一门第二外语

大部分英语教师都学过第二外语，第二外语的学习是基础阶段的外语，可以帮助已经达到一定英语水平的英语教师重新亲身体会学习外语的感受。我在学习第二外语的过程中，有几点小体会：

（1）背诵很重要

不背诵下来根本感觉不到学到了什么。我个人用这个方法，一年学完了大学两年的第二外语，并以高分通过了提前参加的第二外语毕业考试。一位朋友毕业几年后在职考研，因为第二外语——法语已经放下几年没学了，第一年考试没有及格。我建议他每天坚持朗读和背诵，结果第二年他便考了90分的高分。

（2）抵抗遗忘很重要

外语学了又忘，忘了就必须再学。得益于我自己在学习第二外语过程中摸索的方法，我在英语教学中提出了"循环滚动"的学习方法，在教学实践中取得了良好的效果。

No.8 科研是否高不可攀?

?E 的困惑

科研对教师的重要性常有听闻,但是总感觉那是比较高深的研究,离一线教师比较远。果真如此吗?

W 的解答

有一次,我在华南师范大学省骨干教师培训班讲了高中教师如何做科研的话题"高中教师科研'学'与'术'",课后学员教师有很多留言。尽管这些课后反思是主办方的要求,但也能反映教师部分真实的想法。现摘录几条,看是否能够减少一线教师对科研的恐惧感。细细读来,教师的感悟比我能想到的都全面。的确,讲这样的课,本质就是一种分享。

下午王宗迎老师的讲座以非同寻常的课件——没有任何内容的课件开始,以意犹未尽的话题结束。王宗迎老师用自己的亲身经历告诉我们这些一线教师:科研并不难,难的是有一颗搞科研的心!我们的论文,并不需要高大上的理论或世界前沿研究来包装,需要的是在日常教学中积极去多思考、多反思、多阅读,这样日常的教学环节与设计也就能成为我们论文的切入点。的确,作为一直以来奋战在教育第一线的教师,我们更多的时候是被烦琐的教育教学工作所困,没有时间和空间去总结和反思,更别说去阅读和思考了。看来,不能再为自己找借口了,活在当下,多去总结,也许我也能写点什么……

(广州市第一中学 郭徽)

来自教育一线的王老师给了我很大的启发。他跟我们分享他一路走来的教育之路，让我印象深刻。他的论文思路和想法很实际，"研究从阅读来""要有个切入点"等看法，给我以后写研究论文打开了一扇窗。

（清远市第一中学　李莉莉）

科研课题来自阅读，不是凭空想象而来；科研未必要从自己的兴趣入手；要从模仿别人的做法开始选取科研切入点。这些是我从王宗迎老师下午的讲座中收获的重要思想。另外，王老师用自己的职业生涯故事告诉我们，机会是留给有准备的人的。中学教师搞科研，关键不是时间问题，而是要我们做有心人，把每天无所事事的时间拿出一点来思考问题、记录问题、琢磨解决途径、勇于尝试各种方式，几年积累下来就是一笔丰厚的财富。时间是最公平的裁判，你对待它的方式决定了它会给你怎样的回馈。回想那些年虚度的时间，一事无成两鬓斑，叹光阴一去不回还！昨日不可追，明朝尚可期！干点正事儿吧……

（深圳实验学校　刘盛举）

今天下午，王宗迎老师用自己所做过的案例给我们讲述了学术研究和行动研究，以前一直都觉得搞科研是很高大上的事，听了王老师的课，发现最好的研究是来自平时的教学，只要多花些心思，多做努力，我也能写出好文章。我要继续努力，向优秀老师学习。

（阳东区第二中学　谢元喜）

虽然王老师轻描淡写地述说着自己的经历，可依然能感受到他一路的坚持、拼搏和努力。以前总觉得科研离自己很遥远，今天通过王老师的课，才知道其实写论文不一定都得创新，可以论证、拓展和补充已有的理论。不过，科研还是很耗费精力的。作为一线教师，我更愿意做一些更practical的研习，而自己最缺乏的是理论和方法，想来还有好多要学。

（揭阳华侨高级中学　张钡滢）

感觉下午的课给我今后写论文闪现了一道光，以前总觉得论文是高高在上、遥不可及的，上完课后觉得自己也可以做个有心人，多去思考问题，多去模仿写写，坚持下去，也许会有不一样的收获哦。

（云安中学　刘秀）

来源网址：http://blog.sina.com.cn/s/blog_1675ef1d80102wwe9.html

No.9　如何看待教学方法的选择?

Ⓔ的困惑

我们经常听领导说"教无定法",但同时,学校又在不同的阶段要求全校推行某一种教学方法、教学模式。教师应该如何选择教学方法呢?

Ⓦ的解答

我们需要辩证地看待这个问题。首先,"教无定法"的前半句是"教学有法"。在遵循教学的一般规律和方法的前提下,教师可以根据自己的个性选择不同的教学方法。其次,学校统一推行的教学模式有抹杀教师个性教学的可能,但也有易于统一操作和评价、构建行动团队、增强行动持久性等优点。

要想"教无定法"发挥其最大的效果,教师必须充分学习。只有学习了已有的教学方法和前人的经验,我们才能够合理地选择适合自己的方法。如果不学习、不交流,只是抱着"教无定法"的旗号固守己见,就会变成"闭门造车"。

有了这些认识,在教学管理上,我们很有必要尊重教师的个性,给予教师足够的空间掌控自己的教学领域。首先,教师的个人成长和学习经历不同,会使教师在教学方法上有不同的选择。其次,教师的不同性格特点会导致教师教学方法的不同。有的教师细致入微,有的教师规矩严明、雷厉风行。再次,人的发展有先有后,教师的发展也是一样。哪怕是公认的好的教学方法,如果教师的个人发展水平没有达到能够较好地把握和运用的程度,也不能发挥其更好的效果，有时反而会是"邯郸学步"。最后，不少学校所提倡的方法和推行的模式，大多没有经过验证，或仅仅是在某一段时间比较流行。教学效果的取得是多种因素综合决定的，在学习别人经验时，我们往往会产生一个错觉，以为别人的效果就仅仅是因为他们采用某个方法的结果。

在统一与个性的辩证安排上，我有以下几点建议：

第一，大体的进度和要求要统一，过程中的环节和操作由不同教师自主把握。例如，一个单元的教学，备课组统一规定完成的时间、要达到的目标、测试的内容和形式，不同教师可以采用不同的方法达到这些要求。

第二，多组织教师进行经验交流和外出学习，提供多样的做法给教师参考，让教师自行选择。

第三，用教学方法灵活、教学效果好的同行的例子来激励引领，发挥榜样的作用。

第四，科组长或备课组长应提供建议性的方法和操作模式，给有需要的教师使用。

第五，在决定统一多一些还是放手多一些时，需要考虑本校的教学实际。如果学校的教师比较同质，比较愿意尝试新的事物，可以多用团队的方式去探索新的教学方法。

早些年，我工作的学校其学生基础在区内排名前列与另外一所学生基础排名靠后的学校合并。两所学校的教师合并，新来的教师在教授基础较好的学生上欠缺经验。刚开始，我并不要求所有教师都采用同一种方法，而是给新加入的教师更多的鼓励，让他们发扬自己的长处和特点。我知道，如果强行改变教师已有的习惯，那么他们将面临新的学生、新的方法的多重挑战；反之，如果采取循序渐进的方式，让教师有一个适应的过程，教师便能顺利过渡。实践也证明了这样操作的效果，新加入的教师得到了发展的空间和时间，很多教师都成为学校的骨干教师。

No.10 高考备考用历年真题好还是原创题好?

❓ Ⓔ的困惑

在学生所做的练习中,有不少材料上标记着原创题。原创题好不好? 如果用往年的高考真题,又会不会过时了呢?

🎤 Ⓦ的解答

很多人都会问,用高考真题好,还是用原创题给学生做练习好。简而言之,我是一个百分百的高考真题追随者。一份高考题汇聚了大量的智慧,花费了大量的人力、物力,没有任何其他的题目可以在这方面接近高考题的投入。有过原创试题经验并且能有机会接受同行及专家指正的教师都知道原创试题的难度有多大,而我们在模拟题或者辅导书的题目中也看到过很多质量非常糟糕的题目,轻则不能达到高考命题的"韵味",重则出现命题方向或语言乃至答案上的错误。我参加市模拟考试的命题团队10年了,作为负责人也主持了多年区高考模拟考试题的命题,同时,也有机会接触各类高考试题的命题。我从来不敢宣称,我参与命题的模拟题能够和高考题的水平接近。

我用下表简单总结一下两种题的特点。

	高考真题	原创题
优点	1. 命题科学。 2. 语言地道	1. 可以选取到最新的材料。 2. 学生之前接触过试题的概率极低

续 表

	高考真题	原创题
缺点	1. 部分话题陈旧。 2. 部分题目的命题方向有改变。 3. 学生有可能之前接触过试题	1. 命题可能出现不科学的地方。 2. 教师自行写的语言，或者选取素材的语言不规范或者有错误

有些场合必须用原创题，如关系数据采集和统计准确性的市区大型模拟考。为了提高原创题的质量，要求命题者做好两方面：一方面要对语言测试及高考的命题有较深的研究，另一方面要有良好的语言基本功。因此，原创题的命题需要经过"找材料—改写材料—写题目—讨论—（多次）打磨—审题—（多次）校对"等环节，由专业的小团队完成。

在大部分的备考训练中，尽量采用往年的高考真题。但是，必须排除个别话题过于陈旧的篇章，不过这类的篇章所占比例不大；同时，还要留意不同年份命题特点的微调整，不符合最新命题特点的题目直接删除弃用或者经过修改后使用。而在一些需要十分真实地得知学生成绩的考试中不宜选用高考真题，因为学生在不同的场合有可能接触过。

当然，随着全国高考统一命题，符合最新命题特点的高考真题资源越来越少。这个时候可以收集各大地市的模拟题，再次经过专家小组的研讨打磨，把部分高质量的试题保留使用。

我在日常教学中收集了超过300篇的阅读理解和150篇的完形填空高考真题，并按照难度等级分别编写成适合不同年级的材料，这些材料已经能够满足学生高中三年的学习需求。试想学生若能把这些题目吃透，做题能力还会低吗？在我的教学实践中，因注重题目质量，不盲目搞题海战术，从而取得了良好的成效。

No.11 科学选题有多重要?

？Ⓔ的困惑

有时候,我们遇到一些练习题或者测试题,有些选项比较模糊,答案没有说服力。有时单选题有两个答案,学生问起来很难解释;在习题讲评课上,面对学生的质疑难以应对。请问这种情况应如何处理?

Ⓦ的解答

我刚工作的时候,也有相似的经历,特别是第一年带高三的时候,学生做很多题,我自己也要做很多题,感觉自己学英语这么多年都没有教书做的题多!遇到一些偏题、难题、怪题时,更是焦头烂额。

后来,通过不断的学习和专业水平的提高,我发现并不是学生拿到的所有题目都是好题,即使是一些出版的畅销辅导书,也有一些题不科学。这种题就像是受污染的空气、地沟油、有毒大米。试想,学生吃的是这样的"养分",还能够健康成长吗?

之后,通过学习语言测试的理论知识,我对试题能进行更加科学的评价了。难度和区分度是在分析试题时最基础的两个数据。

试题难度,即试题的难易程度或得分率。试题太难或者太容易都无法反映学生的实际水平。在高考中,难度以适中为宜(试题以0.3~0.7、整卷以0.5~0.6为佳)。试题难度适中,其区分度较佳。难度系数(得分率)>0.70——偏易;0.3~0.7——适中;<0.30——偏难。

区分度是指试题对不同知识和能力水平考生的鉴别程度。在高考中一般要求区分度在0.3以上，表示高分学生（总分前27%）比低分学生（总分后27%）能多得30%的分数。区分度在0.2以下的试题一般应加以淘汰或删除。区分度 ≥0.40——优；0.30~0.39——良；0.20~0.29——尚好；≤0.20——差。

现以某年某省会城市组织的一次模拟考试的得分数据让大家直观地感受一下区分度低的试题是怎样的，见下表。

	平均分	51题	52题	53题	54题	55题
南海区	74.38	0.39	0.62	0.82	0.98	0.46
难度（区）		0.19	0.31	0.41	0.49	0.23
区分度（区）		0.13	0.01	0.15	0.38	−0.16
最高分的学校	103.69	0.58	0.67	0.76	1.46	0.29
最低分学校之一	55.66	0.38	0.70	0.74	0.52	0.56

以当年广东佛山市南海区为例，排名第一的学校（总平均分为103.69分）与得分最低的学校之一（总平均分为55.66分）根本不在同一个水平层面。某篇阅读理解题共5个小题中，除了第54题，其他4个题目两所学校的得分基本上没有区别！甚至第52题和第55题的得分还颠倒过来了！这就是不科学试题的结果！对于这些题，教师应该有足够的信心告诉学生：这些题是试题本身的错误，不应该再去纠结，否则就是浪费时间！

No.12 如何建设科学的题库？

? E的困惑

看了您对科学试题的解析，我深深意识到不科学试题给学生和教师带来的负面作用。但是，怎样才能够保证学生有足够多的好题呢？

W的解答

是的，不仅平时的模拟题和练习题会有不科学的试题，连代表命题最高水平的高考题也存在个别有问题的题目（当然，这不是批评，任何人做事都会有失误）。

基于对试题的研究和认识，我琢磨：我们能否把一些做过的好题积累下来，形成题库，继续给下一届的学生练习？这样，一方面，学生可以做到科学的好题；另一方面，教师也不用天天为做题那么辛苦；更重要的是，教师省下了这些做题的时间，可以挖掘题目语篇的更深层知识和意义，让试题超越试题，发挥其更大的价值。

高考之后，一般都会有各省的高考年报，上面会给出各小题的难度和区分度系数，我们在积累题库的时候，就把这些数据也一起积累下来。因此，我们在给学生做题之前，就能知道这些题的难度。另外，我们也可以把这些题按照难度系数的等级排序，由易到难给不同年级的学生训练，或者把不同的题给不同基础的学生训练。

例如，下表是2011年广东省试卷完形填空题的数据。如果学生做了这篇练习，我就可以提前知道第3题、第8题、第9题、第11题、第12题和第13题相对较难，需要讲评。整篇的难度是0.53，属于中等；除了第9题外，区分度都比较好。

题号	答案	难度	区分度
1	C	0.64	0.44
2	C	0.55	0.29
3	D	0.37	0.42
4	B	0.72	0.52
5	A	0.68	0.52
6	A	0.64	0.52
7	B	0.75	0.46
8	D	0.46	0.5
9	C	0.25	0.08
10	B	0.67	0.54
11	A	0.49	0.43
12	B	0.33	0.4
13	A	0.44	0.43
14	D	0.5	0.36
15	C	0.52	0.44
整篇		0.53	

如果不是高考题，没有这些数据，我们可以把平时测验的数据积累下来。为了拿到更多题的测试数据，我把这些题给几个班的学生试做，在电脑中输入选择题答案，然后算出得分率。对于一些不好的题，会直接删去；如果问题不大，则修改后再存入题库。

通过这些方法，我们的团队积累了大量科学的好题，既能让学生吃到更有营养的"粮食"，又减轻了教师的教学负担，最终实现双赢。

No.13 速读题高考能考查吗?

❓Ⓔ的困惑

在阅读教学中,我们要培养学生的略读(Skimming)和查读(Scanning)的能力,但是在高考的阅读理解中是否有相应的考查呢?

Ⓦ的解答

Skimming 和Scanning 有其独特的阅读目的:

略读(Skimming)是指只看文章主要大意的速读。例如,读报纸新闻时,没有必要了解事情的具体经过,只是大概了解发生了什么事情,最后结果如何。

查读(Scanning)是指"扫描",如在查词典时,不会把页面上的每一个字都看一遍,脑中只有要找的词,看到它,其他的地方都可忽略;在查看列车时刻表时,我们只关注自己的车次;在查看演出信息时,我们只看自己有空观看档期的节目信息。

因此,Skimming和Scanning有其独特的阅读目的,而我们教材上的阅读文章,并不是全部都适合做Skimming和Scanning的阅读技巧训练的。阅读中文时,我们阅读一个1000字的《读者》或者《意林》中的小文章,我们会先Skimming再Scanning,然后再第三遍阅读吗?部分教师上课时,每篇文章都设置Skimming和Scanning的练习,这是对教学理论的错误解读。这类阅读技巧的练习需要选用适合的阅读材料。

在考试中，需要有一个单独的环节才能考查出学生查读和略读的能力。查读和略读的关键能力是短时间内获取特定信息的能力。如果考试中不能规定学生的作答时间，那么，这个题目就失去了原来的考查目的。我在之前参加英语专业八级考试时，其中一项速读考查试题是在一张单独的纸上，考试中途到了规定的时间发卷，10分钟后马上收卷。广东省高考从2007—2015年采用了"信息匹配"一题，主要考查学生快速查找信息的能力。但是，这一题却放在卷中考查，尽管有建议的作答时间，但是在实际的操作中，考生却会根据自己的水平，用足够的时间，把这一"送分题"尽量拿到满分。即使英语总成绩很差的学生，如果用比建议作答时间更多的时间来完成，也能获得相当不错的分数。当然，在高考这样高利害关系的考试中，考试过程中途收发试卷会造成考务、公平、诚信等问题，不太现实。我只想说，略读和查读能力在考试中考查的真正体现，需要有特定的考试组织方式。

总而言之，在思考略读和查读阅读技巧的日常教学时，第一，要思考所选的课文或者其他材料是否适合；第二，要考虑所教学的技巧在高考的特定考试环境中的真实用处（可能有人会持有不同观点，教学不能只考虑应试，但是，考虑应试有错吗？连应试都不会，能说自己才智过人吗？）。第三，要考虑学生的实际情况，如学生是否已经掌握这些技巧？学生是否需要继续被教授？

No.14 英语学习与篮球训练有什么相似之处?

❓ Ⓔ的困惑

有时候发现学生懒于记单词，懒于朗诵课文，但是又难以说服学生；有些学生认为做这些事情与高考考试关系不大。有没有一些更好的方法能对学生进行说理呢?

Ⓦ的解答

是的，尤其对理科生来说，英语学习显得枯燥且进展缓慢。我并不敢给理科生打上英语学得差的标签，可能从整体来说，他们对理科更感兴趣，投入了更多的精力，而仅仅是在英语上投入得较少罢了。在此多说一句，目的是为了让教师抛弃理科生学不好英语的看法，进而引导理科生改变对自己的偏见。男生的英语比女生差的传统说法正是如此，但我们身边成为语言大家或者英语较好的男生大有人在，正如已经有很多研究证明，女生在科学和数学上不比男生差，可能我们也需要去证明男生的英语不比女生差。先不管这些研究的结果是否正确，至少我们这样去引导学生，总比学生带着不自信去学习的效果要好。如果教师自身都有这样的潜意识，学生也会受到感染，从而影响学习效果。

对于对英语兴趣较小的男生，我常常用篮球训练来跟学生比喻英语学习，至少这个比喻比较容易引起他们的兴趣。篮球训练和英语学习有什么相似的地方呢?

1. 需要很多分项训练

想打好篮球，并不是每天抱着篮球去球场进行篮球比赛就可以的，而是需要进行很多分项的训练，如力量训练、体能训练、技术训练、战术训练等。单是力量训练，又可以分为不同身体部位的力量训练，如手指力量训练、手腕力量训练、上肢力量训练、下肢力量训练、腰腹力量训练、背部力量训练；不同种类的力量训练，如耐力、爆发力；等等。

因此，我们可以很好地理解听写单词、听写短文、朗诵课文、练习词义、学习语法、翻译句子等英语练习方式的重要性了。

2. 需要无数次的重复

NBA球员每天至少要投进500个球，更勤奋的球员如科比·布莱恩特常常要求自己每天投进1000个球。只有这样，才能够让自己在激烈的赛场上，甚至到了最后关头，在比赛最后一秒钟投进绝杀球。只有重复的训练，才能让自己的肌肉养成习惯和记忆，达到自动化的程度。英语的学习也是一样，一个单词可能要重复上千次的朗读、抄写、运用，才能留在脑海；一篇文章要反复朗诵才能吃透里面的语言现象，从而增强语感。

3. 需要有科学的方法

为了练习运球，篮球运动员经常训练两只手同时分别各运一个球（虽然在真正的比赛中不能这样做）；也会在运球过程中增加其他的动作训练，如接住教练助理抛过来的网球等来训练反应；在水中练习力量；等等。这些貌似古怪、脱离篮球运动真实性的训练，恰恰是科学的方法。我们在学习英语的过程中，需要背诵文章；在朗读时用夸张的口吻、夸大的音量、增快的语速来练习，虽然在真正使用英语的过程中不会背一篇文章给人听。

当然，篮球训练与英语学习的相似之处不只以上三点，如两者都需要刻苦努力，都要进行比正常比赛（考试）更高强度的训练等。篮球不是每天去打篮球就能打得好，考试也不是每天进行考试就能考得好。看到这里，不知很多在高三过度沉浸于题海战术的师生是否有所启发？

No.15 如何平衡学习、练习和测试的关系?

❓ Ⓔ 的困惑

平时,我发现不少学生在课后做阅读理解和完形填空这类题时,未能认真投入,但是每天还必须布置一定量的这类作业;另外,在高三阶段,学校会安排早早练、早练、午练、下午练、晚练、周小测、周大测等各类练习和测试,经常还没有评讲完,新的考试又来了。总感觉课堂被搞得支离破碎,系统的知识学习难以开展。作为教师,您有什么方法可以改善这种状况吗?

✏️ Ⓦ 的解答

这个问题其实就是如何处理好学习、(课后)练习和测试三者关系的问题。在应试化的备考中,往往存在"以测代练、以练代学"的错误做法。

学习是知识的来源,是能力建构的根本;(课后)练习在学习之后,是对已经学会的知识进行的巩固练习。如果在没有充分学习或者课后没有充分复习的情况下就去做大量的练习,只能边做练习边翻书学习;如果不翻书,则出现大面积练习空缺或答错的现象,既浪费时间,又打击学生信心,造成学生学习的焦虑感及挫败感。

测试一般有几个作用:一是诊断作用。检测学生对知识的掌握情况,为学生学习和教师教学提供依据和参考。二是模拟作用。让学生熟悉考试的程序、时间安排,做好心理调适等。值得注意的是,要完成这个功能并不需要过多次数的测试。三是鞭策作用。通过考试,学生找到自己和所定目标及同伴之间的差距，从而增强学习的动力，或者增加适量的压力。测试可以促学，但是测试绝对不能替代学习。俗话说，"称猪不会使猪变重"。要想减肥，需要到运动场去，而不是每天晚上睡前称一称就可以的。

另外，师生容易犯的"未充分学习就练习"的错误经常发生在课堂上，尤其是阅读课上，阅读公开课更甚。学生在阅读课最后的"讨论产出环节"没有经过充分的学习，要么说的是以前的内容，要么说不出来。做这种活动时，教师理应根据学生的水平，在学生充分学习后再进行。

与其他学科相比，英语学科这一环节的学习显得更加重要。语言，尤其是外语，需要大量的正确语言输入。学生在做各种形式的练习时，通常会接触不少错误的选项，这有可能就是错误的语言输入。我们只有通过大量正确的输入，才能增强语感，激活外语学习系统。

因此，在英语的备考过程中，要注意学习、练习、测试三者的关系，平衡三者的量。测试切忌过多，要以学生能够消化为标准，要把测试过的材料当作学生学习的资源。如果学校安排的测试时间太多，英语教师可以把前半部分时间调整成学习的时间，后半部分的时间为测试的时间，在前半部分的时间中，让学生学习或者背诵后面测试中相关范围的内容。这样的测试才是对学习有促进作用的测试。学生课后的作业形式也应该尽量减少选择题，多布置一些动手的作业，或者是深度练习，如对一篇阅读理解文章进行深度理解，进行积累学习等。

【备注】如果学校领导对英语教师没有把安排的测试时间全部用于测试有意见，甚至认为教师是在偷懒，想少改试卷，那么请推荐他们看看我的书。

No.16 新时代的外语学习还需要背诵吗？

？E的困惑

我在初高中学习的时候，会经常朗读和背诵课文，即使在大学时期，也经常背诵教科书上的文章或者段落，教师也建议我们背诵一些名家名篇。不过现在初高中的课本里，好像没有直接要求"背诵课文"这样的学习任务，而且学生平时也不太能接受背诵这样的学习任务。那么，我们以前在精读课上学习的一些传统做法还有效吗？

W的解答

朗读和背诵是增强语感、提高外语运用自动化水平的绝佳途径。很多外语大师都谈过背诵的重要性。

语言大师林语堂说："学习英语的唯一正轨，不出仿效与热诵。仿效即整句的仿效，热诵则仿效之后必做回环练习，必须脱口而出而后已。"

英语教育专家陈琳说："在没有语言环境的情况下，必须下艰苦的功夫。我一向主张要'背'。不仅儿童，成人更加要背。"郑板桥在《郑板桥集·板桥自叙》中说："人咸谓板桥读书善记，不知非善记，乃善诵耳。板桥每读一书，必千百遍。舟中、马上、被底，或当食忘匕箸，或对客不听其语，并自忘其所语，皆记书默诵也。书有弗记者乎？"一代大师尚且如此，何况我辈凡人，更何况他背的不是外语。

华东师范大学外国语学院院长、教授张维说："我学英语，在很大程度上得益于过去的'死记硬背'，这是学语言根本离不开的方法。学语言有一个从'死'到'活'的过程，'死'的东西多了，熟能生巧，慢慢就会'活'。死记硬背到一定程度，便会'死'去'活'来。所谓'死'就是原始的语言积累，创建个人的语料库，语料丰富了，一旦掌握了运用技巧，就能随意提取，运用自如，'死'的语言材料便'活'起来了。"

为了提高学生背诵英语的兴趣，我有以下几点建议：

（1）多用名家或者身边学生的例子激励学生。

（2）在课堂教学中开展背诵教学和活动。

（3）在课堂上开展背诵竞赛。

（4）常规性布置背诵任务和开展背诵比赛。

（5）开展脱稿演讲、讲故事等活动。

（6）在考试中加入背诵能力的考查题型。

（7）把对背诵的成果与考试的联系的直观分析告知学生。

（8）教师以身作则，要求学生背诵的教师自己先背诵下来。

在课堂上，我们可以采用由少到多的方法，让学生感觉到背诵并不是那么困难。例如，课文的一个重点句子，教师可以进行"教师带读2遍—学生齐读2遍—男生、女生各读2遍—学生小组各读2遍—教师给出3/4的内容，学生背诵1/4部分—教师给出2/4的内容，学生背诵2/4部分—教师给出1/4的内容，学生背诵3/4部分—学生全句背诵—学生齐背2遍—抽背"等一系列的分解动作。最后，当学生发现自己能轻松自如地背诵下来，自然就提高了对背诵的兴趣。

No.17 应该持何种态度面对改革?

❓Ｅ的困惑

2014年开始,我国开展了新一轮的高考改革,浙江省和上海市率先开展实验,其他省、市也相继开展。针对高考,我在网络上看到了各种观点的讨论,对待高考改革我们应持怎样的态度呢?

🔍Ｗ的解答

任何的变革都是不容易的,都会给既得利益者带来冲击。在国家的变革中,既得利益者可能是某些掌握政权者或是某些掌握经济的权贵;在教育的变革中,教师的既得利益很少,无非就是已有的教学经验以及由此带来的一行业地位。但是,教学改革意味着劳动量的增加,以及原有教学经验的部分减退。因此,面对教学改革不容易。我认为,面对教学改革,教师应有以下原则和态度。

1. 以包容的心态面对改革

做历史的变革者不容易。例如,春秋时期著名的商鞅变法为秦国统一中国奠定了基础,为后世所熟知及称赞,但是变革者商鞅却落得被五马分尸的下场;战国时期进行胡服骑射变革的赵武灵王最后被保守派兵变围困,活活饿死。但是他们变革的精神和做法却得到延续。

变革没有十全十美的方案,没有经过检验,谁也说不准最后结果会如何。以本次高考改革中反映最突出的选考物理人数减少为例,尽管选考物理的绝对人数减少，但是在优等生中选考物理的人数的比例仍然较高。另外，也不能排除过了两年后，部分优等生选考其他学科，造成其他学科竞争激烈，然后又有更多人回流到物理学科的情况。

但是，不进行改变是糟糕的，只会裹足不前。发现有问题而不去尝试改变是不负责任的。变革不能一蹴而就，会带来阵痛，也有可能失败。但是，这本身就是经验的积累和收获。大到国家高考制度的改革，小到一所学校的教学方式改革或者一位教师课堂教学的革新，英语教师应该具有更好的开放性、包容性和国际视野，应该以更开放的态度面对改革。

2. 从学生的角度看待改革

高考制度的改革需要从招生、教学和学生（含家长及社会）三个层面去考虑。三者中，最重要的是学生。面对新的高考改革，假设你是学生，有两次高考英语的机会，你是否会更高兴呢？再三思考，我还是抱着会欢迎的态度。至少，我多了一次机会，减少了因为某次考试发挥不好而带来的遗憾；多一次机会，考试时也没有那么紧张了。至于第一次考试提前进行，备考复习可能提前这一点，相比起来也没有那么可怕。至于两次考试试题难度的区别，我相信尽管有区别，但是以命题教师的经验，区别不会太大。两次考试我都会参加，最后一次为主攻，第一次就作为模拟考试，反正没有两考也有很多模拟考。至于改革对教学管理和教师教学带来的改变和冲击，我相信学校和教师也有智慧去解决。

3. 在纷繁复杂的改革中找到主要的工作重心

新的改革下，各种培训、讲座、会议、讨论肯定会铺天盖地袭来，教师很容易感到要改变的事情太多，从而摸不着方向。因此，我们仍然需要理清目前需要进展的主要内容。我觉得，在改革中，不变的内容比变化的内容要多得多，我们仍然需要考虑如何优化教师团队的建设，如何提升自身的水平，如何落实培养学生的基础语言能力；需要提前一个学期参加第一次高考，我们可以对比想一下，学生以往在参加一模的时候，我们还需要帮助学生养成哪些能力呢？然后稍做调整，就能简单应对了。

No.18 如何看待学生思维能力的培养？

E的困惑

《普通高中英语课程标准（2017年版）》（以下简称《新课标》）提出，要"发展英语学科核心素养，培养学生逻辑思维和批判性思维"。如何在课堂教学中培养学生的思维能力也成为近期英语研讨会的主题内容。但是，我却觉得批判性思维的培养难以落实到日常的课堂教学中，特别是对学生英语基础相对较低的学校。在英语课堂上培养学生的批判性思维真的可能吗？

W的解答

1. 对于任何一件新鲜事物，我们必须要有以下几点共性的认识

（1）要以开放的心态去对待改变，以积极的心态面对变革

因循守旧有时也是对的，新事物的理据总没有旧事物充分。我们在讨论某个新事物可能会有这样或那样的弊端时，我们也没有百分之百的把握去证明。另外，也不能因为新事物有某些缺陷，就忽视了它可能带来的好处。"摸着石头过河"，只要有勇气去尝试，并且有度量和智慧在过程中去反思和修正，这样的探讨和创新也都是有价值的。

（2）任何一件新事物都不是对旧事物的全盘否定

例如，新的课程标准并没有全盘否定旧的课程标准，而是在《普通高中英语课程标准（2003年版）》（以下简称《旧课标》）的基础上有所调整和创新。要培养学生的批判性思维，并不意味着学生的语言能力就不重要了。在

学科核心素养的构成中，语言能力仍然处于核心的地位，在"四环图"中处于中心位置。

（3）对新问题的探讨并不等于不传承

世界的发展是在传承的基础上进行的再创新和发展。新的教学研讨会聚焦于学生批判性思维培养的主题并没有问题，一个研讨会可以有某一个主题，聚焦其中一个主题并不意味着否定其他主题的重要性，而是因为这个主题新，大家的思考相对较少，因此更有探讨价值。

2. 英语教师应如何适度处理好批判性思维"教学"呢

（1）认识语言能力在英语学科中的绝对主导地位

所有教育教学的终极目的都是为了培养学生，所有的教学活动都有培养学生批判性思维的任务。但是，英语学科应以语言能力的教学为载体来达到这些目的，离开了语言教学就不是英语学科了。如果仅仅为了培养学生的批判性思维，用母语一样可以做到，而且效果可能更好。

（2）思维需要语言的支撑

语言是思维的工具。在英语课堂中，如果学生的语言储备不足，就进行高级思维训练，学生必然处于不会用外语表达，又不敢在英语课堂中用中文表达的尴尬境地。因此，教师在教学设计中要根据学生的语言水平，逐级地组织学生进行高级思维能力的思考和讨论。例如，对于中等水平的学生，一篇阅读文章的讲授可以分为几个课时，第一课时为文章的基础阅读理解，第二课时为细节语言和语法学习，第三课时为产出性讨论活动和批判性思维能力训练。另外有一个建议是，教师可以布置相应的话题，让学生在课后进行调查、研讨、准备，然后在课堂上进行分享，这样对培养学生的语言能力和思维能力应该会更好。

（3）思维能力更多的是在日常生活中养成的

素养，包含思维能力，更多的是在日常生活中养成的，而不是一蹴而就的。当然，训练也是有效果的，不能期待一节课或者一个活动就能起到显著的效果。

（4）英语科目制约着学生的批判性思维的培养

作为英语教师，我不得不承认，英语在培养学生思维能力上没有其他学科效果明显——或者我只是指出皇帝没有穿衣服的那个小孩而已，原因就是学生受语言能力的制约。现在高中生有能力接触的英语文章都是相对滞后于他们现阶段的思维能力。例如，部分教师用 *Old Mali and the Boy* 的节选片段 *Life in the Jungle* 作为授课材料。如果是母语版本，这部小说是否应该更适合小学中高年级学生的阅读和讨论？高中生的思维能力已经达到可以进行"模拟联合国"辩论的水平了，一些鸡汤式话题讨论的挑战性相对就较低了。但是，这并不是说我们的学科完全忽视了学生思维能力的培养，仅仅在教授语言知识。语言知识需要依托语篇、意义和主题，语言、文化素养、思维、策略的发展都是互相依靠的。英语教师应该在日常教学的点点滴滴中关注学生批判思维能力的发展。

（5）教师自身要具备良好的批判性思维品质

教师的批判性思维能力和批判性精神对学生的批判性思维的养成意义重大，这不仅体现在某一节课的教学设计中，而且体现在整个教育教学过程中。教师对某个问题的思考和见解，对教学组织管理某个做法的思维决策过程，都在潜移默化地影响学生。

No.19 有没有锻炼批判性思维能力的案例?

?Ⓔ的困惑

教师自身的批判性思维能力很重要，有没有一些例子让我们一起来做一下"思维体操"呢?

Ⓦ的解答

下面我将用两个例子来和大家一起进行思考。当然，希望大家也可以对我的思考进行批判性的判断。

例如，在 *Is Your Diet Destroying the Environment* （文章附后）一文中作者指出，"研究表明素食主义者心脏病和糖尿病的发病率通常比吃肉的人低""素食对环境有非常积极的影响"。接着，作者通过两方面进行论证：一方面是肉类生产对环境的影响比素食生产更大；另一方面是禽畜释放的甲烷也是全球变暖的重要原因。最后，作者得出素食对身体、环境都有好处的结论。

对于这篇文章，我提出以下问题：

（1）研究表明，素食可以降低心脏病和糖尿病的发病率，但这并不能说明素食对健康绝对有好处。素食在10年、20年、50年里或者是对下一代的基因遗传有没有不利的影响呢?吃肉对身体其他方面的健康发展又有没有好处呢?

（2）文章说，1万平方米的农场用来饲养牲畜，可以产出250磅①的牛肉，但是用来种庄稼的话，可以产出40000磅土豆、30000磅萝卜或者50000磅西红柿。但是，这几类食物之间的价值是否可以完全相等？2kg白银一定比1kg黄金更有价值吗？

（3）文章提出了某些反面的观点："However, some nutritionists believe it（vegetarian）can be comparatively deficient in many necessary vitamins and minerals our bodies need."这种全面展示观点的做法很好。但是全文仅有这一句，而且这也完全不妨碍作者很肯定地得出自己的决断性观点："Switching to a vegetarian diet—or just eating less meat—is a good way to do both of these things at the same time."是否吃肉、吃多少肉，应该是对平衡人身体健康、人类繁衍发展及环境保护的综合考虑，而不能由某一方面的价值决定。

至于 *Get off the Bleachers*（*English Square* 2016年7—8月，P145～151）一文，主人公的故事非常吸引人。主人公被球队拒绝，事后不敢告诉父亲，这样的情节很容易引起共鸣，因为不仅是青少年，成年人也会遇到类似的处境。文章中极其细腻的情感描述更是把读者对主人公的同情推向极点："Alone in the empty locker room, I stood and stared at my locker. If I had known it would be the last time I get dressed for a basketball practice. I would have enjoyed it. I would have taken it forever, slowly slipping that jersey on and letting the mesh slide over my skin."作者通过思考和调整，决定从失败的阴影中解脱出来。我读到这里，一直感觉良好，人不仅要能够面对成功，更要学会面对失败，接受失败。在教学过程中，我发现不能面对失败、不懂拐弯的学生还真不少。虽然这篇文章的后半部分仍然摆脱不了"鸡汤"文章的特点，作者最后走出了失败的阴影，通过努力并且取得了成功。在更多的情况下，我们被球队拒绝了，是否可以发现自己在这方面能力不够，欣然接受，进而向其他方面努力呢？或者作者一根筋还要在篮球上发展，是否有更大的可能依然不能成功？这个时候我们该如何面对呢？现代人产生一些心理问题、甚至造成生命悲剧，有可能就是因为这种过于

---

① 1磅=0.4536kg

执着的态度，以及不能面对失败和害怕别人异样眼光的心理造成的。在教学这篇文章时，我觉得有必要把这些问题抛给学生思考。

我仅提出自己的一些批判性思考，没有更多建设性的建议和做法，希望可以在思维实践中和学生一起去发展批判性思维能力。

附文

Is Your Diet Destroying the Environment

A vegetarian diet is often praised for its health benefits. Studies have shown that vegetarians usually have lower levels of heart disease and a lower risk of diabetes than people who eat meat. What most people are less aware of, however, are the effects that a vegetarian diet can have on the environment.

Researchers from the Union of Concerned Scientists in the US recently studied how consumer behavior affects the environment. The study showed that meat consumption is one of the main ways that humans can damage the environment, second only to the use of motor vehicle.

Then, how can eating meat have a negative effect on the environment? For a start, all farm animals such as cows, pigs, and sheep give off methane gas by expelling wind from their bodies. One cow can produce up to 60 liters of methane each day. Methane gas is the second most common greenhouse gas after carbon dioxide. Many environmental experts now believe that it is more responsible for global warming than carbon dioxide. It is estimated that 25% of all methane released into the atmosphere comes from farm animals.

Another way that meat production affects the environment is through the use of water and land. 2,500 gallons of water are needed to produce one pound of beef while only 20 gallons of water are needed to produce one pound of wheat. One acre of farmland used for crop production can produce 40,000 pounds of potatoes, 30,000 pounds of carrots, or 50,000 pounds of tomatoes.

Many people now see the benefits of switching to a vegetarian diet，not just for health reasons, but also because it plays a vital role in protecting the environment. However, some nutritionists advise against switching to a totally strict vegetarian, or vegan diet. They believe a vegan diet, which excludes all products from animal sources, such as cheese, eggs, and milk, can be short of many necessary vitamins and minerals our bodies need.

Today, many people know it is important to take better care of their bodies and to use the earth's resources more efficiently. As this understanding spreads, more people may realize that to help the environment and for the human race to survive, more of us will need to become vegetarians.

No.20 学科核心素养的核心是什么?

❓ Ⓔ 的困惑

学科核心素养中,语言能力、文化意识、思维品质和学习能力这四个部分哪一个是最核心的?

Ⓦ 的解答

在学科的学习中,有很多知识、能力和素养,所以我们需要提出学科核心素养,以便教师能够抓住核心。但是,在核心素养中,也应该有核心。抓住核心素养的核心,英语教学才能更直接、高效。

我先把我认为是核心的相关文献摘录下来与教师一起分享。

英语学科核心素养主要包括语言能力、文化意识、思维品质和学习能力。

语言能力是指在社会情境中,以听、说、读、看、写等方式理解和表达意义的能力,以及在学习和使用语言的过程中形成的语言意识和语感。英语语言能力构成英语学科核心素养的<u>基础要素</u>。英语语言能力的提高蕴含文化意识、思维品质和学习能力的提高,<u>有助于学生拓宽国际视野和思维方式,开展跨文化交流</u>。

......

　　文化意识体现英语学科核心素养的价值取向。文化品格的培育有助于学生增强国家认同感和家国情怀，坚定文化自信，树立人类命运共同体意识，学会做人做事，成长为有文明素养和社会责任感的人。

......

　　思维品质的发展有助于提升学生分析问题和解决问题的能力，使他们能够从跨文化视角观察和认识世界，对事物做出正确的价值判断。

　　学习能力的培养有助于学生做好英语学习的自我管理，养成良好的学习习惯，多渠道获取学习资源，自主、高效地开展学习。

　　　　　　　　——《普通高中英语课程标准（2017年版）》

　　从文献的"基础要素、蕴含"这些字眼，还有语言对文化、思维的促进作用都可以得知，语言能力是英语学科核心素养的核心。因此，在英语学科核心素养背景下，语言能力的核心地位没有改变，是学习能力、文化意识和思维品质培养的载体。

　　而语言知识是构成语言能力的基础要素，《新课标》用了很大的篇幅对语音、词汇、语法、语用、语篇几类语言知识的内容要求及教学提示做了说明。在主题语境、语篇类型、语言知识、文化知识、语言技能、学习策略六项课程的要素中，语言知识和语言能力的内容要求所占比例最大。

　　语言是思维的工具，如果抛开语言能力去发展其他素养，英语课就不是英语课了。但是，我们不能仅仅为了教语言而教语言，教语言更上位的目的是"立德树人"。

No.21 新高考改革是否不需要用成绩来评价了?

❓Ⓔ的困惑

广东省招生一本、二本合并,并且分数只发给学生个人,不发给各省、市的招生部门,这样是否意味着新高考不再需要用成绩来评价学校和教师了呢?

Ⓦ的解答

广东省教育厅、广东省招生委员会印发的《关于2018年深入推进普通高等学校考试招生的通知》规定:从2018年起,将原第一批本科、第二批本科两个招生录取批次合并为"本科批次";另外,改革高考成绩发布方式,2018年起,高考成绩公布时,高考个人成绩只提供给考生本人,不向各省招办、市招办、考生所在中学及其他任何单位和个人提供。这个改革除了对高校选拔人才和招生录取等有深远的意义外,对学校的教学也有一定的反拨作用,主要体现在以下两点:一是有利于破除高中学校盲目追求"一本率"的现状,缓解学校升学率压力,减轻师生不合理的教学负担,促进高中学校更好地开展素质教育,更好地立足校情,明确定位,创建校本特色。二是,高考成绩不向学校和各级其他单位提供,可以较好地防止对"高考状元"的不必要炒作,在一定程度上淡化地方教育部门之间、学校之间、教师之间的应试教学成绩压力。

令人欣喜的是,教育行政部门关注到了社会对"一本率"的过度追求和攀比,以及对"高考状元"的不必要炒作。不分一本、二本及只对考生公布分数对缓解学校升学率的压力有一定的促进作用。但是，这并不意味着我们不再以成绩来评价学校和教师了。

1. 因为体制问题，社会的评价未能完全建立

如果有一天，学校和教师可以完全交给社会评价，走"市场经济"，学校能够招到哪些学生，学校的效益、教师的收入、教师的收入分配、教师的优胜劣汰都能像企业一样，完全由学校的办学质量决定，这时政府的评价可以退后。但是，我国目前的体制、国情下还不能做到。再者，完全做到也未必是对教育最有利的。这时，政府和教育行政部门有必要介入评价。

2. 素质教育的评价未完全成熟

尽管新高考增加了综合素质评价及自主招生等内容，对学校的特色办学、学生的全面发展有促进作用，但是还未形成成熟的体系。至少在此过渡时期，政府和教育行政部门仍然需要把成绩作为评价学校和学生的重要指标之一。

3. 升学仍然是学生和家长最关注的问题

尽管学生升学的途径增多了，也有越来越多的学生出国留学，但是，高考依然是绝大部分学生的升学途径。尽管大学的招生名额增多了，但是学生对好大学的追求依然不会改变。因此，无论是政府评价还是社会评价，高考的成绩依然是重要的评价指标之一。

当然，高考的一系列改革，诸如一本、二本合并招生，增加大学录取的比例，开展综合素质评价，自主招生等，都能在一定程度上缓解学校的教学成绩和升学压力。其目的也是减轻师生不合理的教学负担以及淡化地方教育部门、学校、教师之间的教学成绩压力，而不是完全摒弃对教学成绩的追求。

以广东省为例，2018年的改革起到一定的作用，但是应该没有达到设想中的成效。例如，尽管减少了对"高考状元"的炒作，但是人们对被屏蔽的前20名、前10名的关注热度仍然很高；尽管高考成绩只对学生本人公布，但是学校和教育行政部门对成绩的宣传力度依然不小，不公布全体成绩似乎只是增加了学校和教育行政部门收集学生成绩的难度而已；尽管没有了一本线，减少了对一本率的片面追求，但是还有高分投档保护线作为比较的参照，对清北率、名校率、985率、211率、本科率等的追求也依然热烈。

教育真是一个人人都能说几句，但是又没有一个人能说得明白的话题。

No.22 《普通高中英语课程标准（2017年版）》有哪些变化？

❓ Ⓔ 的困惑

2017年末，《新课标》颁布了，关于《新课标》的培训也很多。《新课标》与以往的版本相比有很大的变化吗？

Ⓦ 的解答

不少教师都对《新课标》有紧张、期盼的情绪。其实，我们英语教师不用过于紧张，《新课标》所体现的英语教学的核心内容绝大部分是不变的。《新课标》是对《旧课标》的传承。有人用手机或汽车的不同更新版本来比喻课标的更新，有其一定的道理。总之，不变的内容比变化的内容多得多。《新课标》对《旧课标》给予了充分的肯定。

> 2003年，教育部印发的普通高中课程方案和《普通高中英语课程标准（实验稿）》，指导了十余年普通高中课程改革的实践，坚持了正确的改革方向和先进的教育理念，基本建立起适合我国国情、适应时代发展要求的普通高中课程体系，促进了教育观念的更新，推进了人才培养

模式的变革，提升了教师队伍的整体水平，有效地推动了考试评价制度的改革，为我国基础教育质量的提高做出了积极贡献。但是，面对经济、科技的迅猛发展和社会生活的深刻变化，面对新时代社会主要矛盾的转化，面对新时代对提高全体国民素质和人才培养质量的新要求，面对我国高中阶段教育基本普及的新形势，《普通高中课程方案和普通高中英语课程标准（实验稿）》还有一些不相适应和亟待改进之处。

《普通高中英语课程标准（2017年版）》P1

当然，变化也很多，否则，我们诸多专家呕心沥血多年的劳动就白费了。在这里我没有能力对《新课标》进行解读或者详细指出《新课标》的亮点，我仅从一位普通英语教师的角度谈几点读后感。

我认为《新课标》变化比较突出的方面如下：

（1）内容更加丰富。除去前言、附录等内容，《新课标》共有116页内容，比《旧课标》的63页更加丰富。

（2）在英语、日语、俄语基础上，增加德语、法语和西班牙语，为学生提供了更多选择。在英语作为第一外语普及程度越来越高的基础上，丰富第二外语的种类，培养更多精通外语的人才，可持续增强国家的人才竞争力。

（3）在听、说、读、写四项语言技能的基础上，加上"看"，变成了"听、说、读、看、写"五项语言技能。我认为，翻译也是外语学习的一项重要技能，能否把翻译也直接写进《新课标》要求的语言技能呢？

（4）突出了语篇类型的种类，强调了图表、图示、网页、广告、漫画等非连续性文本的学习。

（5）突出了学习中华优秀传统文化、革命文化和社会主义先进文化的必要性，突出了培养学生文化自信心的重要性。

（6）重视现代信息技术背景下教学模式和学习方式的变革。《新课标》用较多的篇幅阐述了信息技术在英语教学中应用的方法与途径。

（7）最重要的变化是词汇的变化。2003版《旧课标》词汇量要求约3500个单词，《新课标》词汇量约3000个单词。但《新课标》不是把3500个单词直接减少500个单词，《旧课标》约有1000个单词不在《新课标》要求的词汇量单词中，《新课标》约有500个单词是《旧课标》中没有的。值得注意的是，学生是没有必要知道这些变化的。对于学生而言，没有《新课标》与《旧课标》之分，这些变化只是提供给教师做对比教研使用。

No.23 《普通高中英语课程标准（2017年版）》有哪些不变的内容?

❓Ⓔ的困惑

您之前说，《新课标》也有很多不变的内容。从您的角度看，有哪些方面值得说明呢?

Ⓦ的解答

部分教师可能对《新课标》的颁布、新方法的提出或者新技术的应用感到难以适应，听完上层的精神引导后，更加感到自己有诸多不足，一下子无所适从，"不懂教书了"。

我斗胆说一句：只要你原来就是一位足够认真、优秀的教师，哪怕《新课标》颁布后，你不做任何改变（除了跟高考考点及方向有关的内容），你依然是一位称职的教师，或许也能继续保持优秀。假设一位教师现在完全不用电脑、投影上课，你就能说他一定是一位不称职的教师吗?假如一位中青年教师现在不用微信，你就能说他老土不入流吗?著名的程晓堂教授就不用微信!

可以说，《新课标》的很多理念就是在总结提炼过去多年我们已经在思考和实践的东西。在这里我要谈的内容主要有以下几点。

1. 英语学科的性质不变

这一点听起来像是废话。我也只是给个别过度恐慌的教师吃颗定心丸而已。英语学科始终是英语学科，语言知识的学习和语言能力的提升才是第一位的，才是学科核心素养的核心，才是英语学科特有的核心素养。其他所有学科都在培养思维能力和学习策略，这并不是英语学科独有的（除了具有英语学科独特特点的学习策略外）。当然，英语学科也有培养学生思维能力和学习策略的责任。

可以肯定的是，《新课标》的一些新提法绝不是在《新课标》提出之后我们才去做的，甚至也不是我们现代人才做的。试想从古至今，我们教育的目的不就是"立德树人"吗？只不过不同时代的"德"的内涵不一样，要培养的"人"不一样。两千多年前孔子在教书时十分注意启发式教育，注意思维能力的培养，讲求"温故而知新"等学习策略。班超、张骞、玄奘等人在传播中国文化时就已经致力于培养人的"国际"视野。

2. 语言学习的规律不变

无论提出多少种教学方法，语言学习要多模仿、多诵读、多运用等基本原则是不变的。教学上，提高学生的兴趣及增强学生的动力依然是最根本的途径。依我看来，诸多的新提法是表层方式的革新，并不涉及根本方法的改变。

3.《新课标》的角色暂时不变

《中国英语能力等级量表》、《新课标》、高考命题和教学实操这四个方面是紧密相连的。目前，《中国英语能力等级量表》《新课标》对高中英语学习能力要求的描述还没有统一，只是有计划要完成对接统一，但是在没有实现之前仍然是两个系统，与高中教学关系更密切的是《新课标》。

理论上，《新课标》是纲领，统领着高考命题及高中教学，具体关系如下图所示。

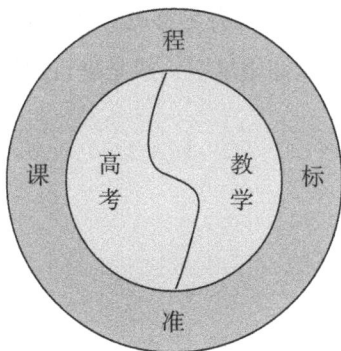

《新课标》统领高考命题及高中教学

但是，正如《新课标》中提出："这些核心素养在不同程度上可以通过纸笔考试方式直接或间接地考查，但有些内容更适合通过非纸笔考试的方式进行考查。因此，英语学业水平考试和高考一般侧重考查可以通过口头或笔头考试来考查的内容。"既然《新课标》中所要求的素养在高考中无法检测，而且有一些貌似可以检测的素养对高考成绩的影响程度仍有待验证，而高考是对高中教学起绝对意义的指挥棒，所以，我认为，《新课标》和高考命题是同时制约着高中教学的两大因素，具体关系如下图所示。

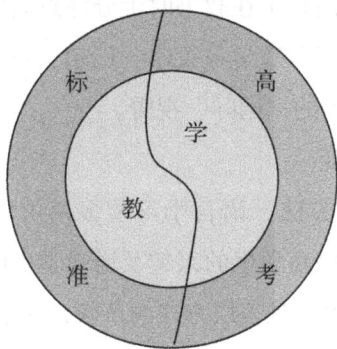

《新课标》和高考命题同时制约高中教学

话说回来，作为教育工作者，我们不能只盯着高考成绩，还应该具有教育理想和教育情怀，不能因为高考不考就不教。我们应该以学生的终身发展及国家民族的前途命运作为教书育人的出发点及最终目的。

《新课标》描述的部分美好愿景及高考升学应试的关系就像诗与远方、面包与水的关系一样。面包与水是不可或缺的。但是只有面包与水，没有了诗与远方，人生会索然无趣。当我们没有足够的经济基础去追求诗与远方的时候，应该保持住梦想，可以在原地仰望星空，或是进行短途的旅行。

No.24 如何开展以文化为内容载体的语言学习？

❓ E 的困惑

　　文化意识是英语学科核心素养的四个要素之一，《新课标》在文化意识的学习上提出了什么要求呢？

🕵 W 的解答

　　《新课标》不仅是一本纲领性文件，对各项教学内容提出了标准和要求，它还是一本内容丰富的"教师帮助手册"，为英语教师提供了教学内容和教学方法的参考范例。

　　以文化意识为例，《新课标》在提出教学要求的同时，其实就是给我们点明了平时可以开展的教学内容。文化意识是英语学科相对独有的素养，英语学科应该承担起培养学生文化意识核心素养的任务，在培养学生文化意识的同时，培养学生的语言能力。以下是《新课标》第32~33页对文化知识内容要求的描述，我对自己感兴趣的部分进行了强调，教师在教学中可以整理相关的内容，改编成适合高中生阅读的英语材料，让学生在学习英语文化中发展语言，在学习英语语言中熏陶英语文化意识。

1. 必修

（1）了解英美等国家的主要传统节日及其历史与现实意义；比较中外传统节日的异同，探讨中外传统节日对文化认同、文化传承的价值和意义。

（2）了解<u>英美等国家的主要习俗</u>；<u>对比中国的主要习俗</u>，尊重和包容文化的多样性。

（3）了解英美等国家<u>主流体育</u>运动，感悟中外体育精神的共同诉求。

（4）了解英美等国家主要的<u>文学家、艺术家、科学家、政治家及其成就和贡献等</u>，学习和借鉴人类文明的优秀成果。

（5）发现并理解语篇中包含的<u>不同文化元素</u>，理解其中的寓意。

（6）理解<u>常用英语成语和俗语的文化内涵</u>；对比英汉语言中常用成语和俗语的表达方式，感悟语言和文化的密切关系。

（7）在学习活动中<u>初步感知和体验英语语言的美</u>。

（8）了解英美等国家人们在<u>行为举止</u>和待人接物等方面与中国人的异同，得体处理差异，自信大方，实现有效沟通。

（9）学习并初步运用英语介绍<u>中国传统节日和中华优秀传统文化</u>（如京剧、文学、绘画、园林、武术、饮食文化等），具有传播中华优秀传统文化的意识。

2. 选择性必修

（1）了解<u>英美等国家地理概况、旅游资源</u>（自然及人文景观、代表性动植物、世界文化遗产等），加深对人与自然关系的理解。

（2）了解英美等<u>国家政治和经济等方面情况的基本知识</u>；比较中外差异，认同人类共同发展的理念。

（3）理解常用<u>英语典故和传说</u>；比较汉语中相似的典故和传说，分析异同，理解不同的表达方式所代表的文化内涵。

（4）了解常用<u>英语词语表达方式的文化背景</u>；对比汉语词语相似的表达方式，丰富历史文化知识，从跨文化角度认识词语的深层含义。

（5）在学习活动中<u>理解和欣赏英语语言表达形式</u>（如韵律等）的美。

（6）理解和欣赏部分<u>英语优秀文学作品</u>（如喜剧、诗歌、小说等），从作品的意蕴美中获得有关积极的人生态度和价值观念的启示。

（7）通过比较、分析、思考、区分和鉴别语篇包含或反映的<u>社会文化现象</u>，做出正确的价值判断。

（8）了解<u>英美等国家的主要大众传播媒体，</u>分析辨识其价值取向。

（9）了解中外文化的差异与融通，在跨文化交际中初步体现交际的得体性和有效性。

（10）使用英语简述中华文化基本知识，包括中华传统节日、中华优秀文化的表现形式（如京剧、文学、绘画、园林、武术、饮食文化等）及其内涵，主动传播和弘扬中华优秀传统文化。

在教学方法上，《新课标》也给出了诸多具体的、操作性强的建议。我个人的感觉是，如果可以按照《新课标》的这些方法操作，学校的英语学习环境将会大大改善，学生的英语学习兴趣将会大大增加，英语学习的效果将会大大提高。

……教师可采取多种措施，围绕文化知识开展教学：一是结合教材各单元内容，有意识地帮助学生了解英美等国家的文化背景知识，理解、分析、讨论语篇所承载的文化内涵和价值取向。二是针对教材中出现的与文化习俗相关的习语和成语等，提供背景资料，设计相关情境进行巩固性、交际性操练。三是在学习中遇到英美等国家的主要传统节日、著名人物的纪念日、重要事件的纪念日、近期要事件等时，可向学生推荐相关的专题阅读材料，并组织丰富多样的活动让学生感受和体验有关的文化习俗……同时引导学生正确对待不同文化，防止盲目效仿。四是结合课外阅读，创造文化环境，开展主题演讲、文化专题作文比赛、英语诗歌朗诵比赛、知识竞赛、英语戏剧演出、英语歌曲演唱等活动。五是根据条件适当开展中外学校、学生之间的联谊活动。学生既可从中外交流中直接获得文化知识，又能促进自身英语语言技能的提升和跨文化沟通能力的有效发展。

除上述措施以外，学校和教师还可以通过开设校本课程，进行文化专题教学。

No.25 应该培养学生哪些学习策略？

？E 的困惑

学生平时总说不懂得学习方法，我们平时应该怎样指导学生？
《新课标》有没有什么指引？

W 的解答

我们首先要明确一点，不少学生说不懂学习方法，这话未必完全正确。学生学不好的部分原因并不是不知道方法，而是知道了方法不去运用，或者是缺乏意志力和刻苦的精神去坚持落实。

试问一下，哪一个高中生敢说自己不知道学习要"预习、及时复习、完成作业"这些学习策略？

我读了《新课标》关于学习策略部分的描述，感觉《新课标》的描述既有很朴实的要求，例如，"安排预习和复习，对所学内容进行整理和归纳"；又有"分析困难的原因并尝试解决困难，增强学习信心"这类情感策略；当然还有"在语境中学习词汇和语法，借助手势、表情等非语言手段提高效果"这些和英语学科相关的策略。下面附上《新课标》部分学习策略的内容要求，并加上我所画出的重点内容以供参考。

《普通高中英语课程标准》（2017年版）学习策略的内容要求

课程类别	策略	学习策略内容要求
必修	元认知策略	1. 根据学习内容和学习重点，计划和安排预习和复习。 2. 经常对所学内容进行整理和归纳。 3. 在学习中遇到困难时，主动分析原因并尝试解决困难。 4. 选择适合的参考书和词典等工具辅助学习英语。 5. 通过图书馆、计算机网络等资源获得更广泛的英语信息，扩充学习资源。 6. 有意识地注意和积累生活中和媒体上所使用的英语。 7. 计划、监控、评价和反思认知策略、交际策略和情感策略的学习和使用，总结经验，并根据需要进行调整
	认知策略	1. 在新旧语言知识之间建立有机联系。 2. 从不同的角度认知新学的语言项目，既关注语言项目的形式，又关注其意义和用法。 3. 在语境中学习词汇和语法。 4. 通过分类等手段加深对词汇的理解和记忆。 5. 利用笔记、图表、思维导图等收集、整理信息。 6. 根据篇章标题、图片、图表和关键词等信息，预测和理解篇章的主要内容。 7. 根据语篇类型和特点，了解篇章的主要内容和写作意图。 8. 根据语篇中的核心词、代词等，理解段落或句子之间的内在衔接。 9. 通过快速浏览，理解篇章大意。 10. 通过扫读，获取篇章的具体信息。 11. 借助图表等非语言信息，进行表达
	交际策略	1. 借助手势、表情等非语言手段，提高交际效果。 2. 通过解释、澄清或重复等方式，克服交际中的语言障碍，维持交际
	情感策略	1. 对英语学习保持主动和积极的态度，不断增强学生英语学习的自信心。 2. 有学习英语的兴趣，主动参加各种学习和运用语言的实践活动。 3. 有合作学习的意识，愿意与他人分享各种学习资源

续 表

课程类别	策略	学习策略内容要求
选择性必修	元认知策略	1. 及时发现学习中的问题，善于分析成因，制定切合实际的目标。 2. 根据目标，实施并监控计划的实施过程和效果，根据需要调整自己的目标与计划。 3. 通过图书馆、互联网、报纸、杂志、广播或电视等多种渠道查找语言学习所需的信息和材料。 4. 进行阶段性反思和总结，分析存在的问题和取得的学习成效，归纳和总结有效的方法，提高学习效率
	认知策略	1. 通过构词法、话题词等方式建构词族、词汇语义网，扩大词汇量。 2. 通过观察、比较、分类和总结等手段，概括具体语言形式的结构、意义和使用规律。 3. 根据不同语篇中的衔接方式，理解语篇的逻辑以及段落间的衔接。 4. 通过观察、比较、分类和总结等手段，概括语篇的文体，概括语言和结构的特点，概括作者如何根据不同的交际目的选择不同的语篇类型。 5. 在听和读的过程中，借助情境和上下文揣测词义或推测段落大意。 6. 根据说话人的语调或用词，推断其态度和意图。 7. 在获得的信息与个人的经历之间建立有意义的联系。 8. 根据主题表达的需要，列出主要信息，组织基本信息结构。 9. 利用语篇衔接手段，有逻辑地组织信息。 10. 利用构思、谋篇布局、起草、修改、编辑等手段创建和完善文本
	交际策略	1. 借助语音、语调、重音和节奏的变化，以及眼神、手势等手段进行交流。 2. 在交际中，恰当运用补白语、插入语等手段做到自然表达。 3. 遇到沟通障碍时，通过解释、复述、举例等手段重建交流。 4. 监控交际中语言运用的得体性，并根据需要做出相应调整
	情感策略	1. 能针对在学习过程中出现的焦虑或急躁情绪，分析原因，采用有效的方法进行自我调整，并有毅力坚持学习。 2. 使用英语时不怕出现错误，大胆尝试，不断修正自己的错误。 3. 有浓厚的英语学习兴趣和愿望，积极争取获得各种练习和运用英语的机会

No.26 《普通高中英语课程标准（2017年版）》对高考命题有什么指引？

E 的困惑

《新课标》致力于为学业水平考试和升学考试命题提供重要依据，促进教、学、考的有机衔接，形成育人合力。从您的角度看，《新课标》对高考命题有哪些值得关注的地方？

W 的解答

《新课标》为高中学业水平考试和高考提供了学业内容依据，但是《新课标》也有不能完全与高考对接的地方。作为一位教师，我比较关注以下几点。

1. 高考中很难检测核心素养的部分内容（请先阅读《新课标》相关内容）

高中英语学业水平考试和英语高考主要考查学生在语言能力、文化意识、思维品质和学习能力等方面达到的水平。这些核心素养在不同程度上可以通过纸笔考试方式直接或间接地考查，但有些内容更适合通过非纸笔考试的方式进行考查。因此，英语学业水平考试和高考一般侧重考查可以通过口头或笔头考试来考查的内容。确定具体考查内容和标准时，应依据本课程标准中的内容要求和学业质量标准。

《普通高中英语课程标准（2017年版）》

正如《新课标》本身指出的，核心素养有些内容是不能用纸笔形式考查的，更适合于用非纸笔的测试活动，如演讲、描述、展示、对话、游戏、陈述、讨论、制作思维导图等来考查。但因为高考考试、评分的可操作性等实际情况，采用非纸笔测试的可能性不大。即使在自主招生这些小范围的非纸笔测试中，也会遇到很多困难。

附：可能核心素养的一些内容既不能用纸笔方便地被测试出来，也不能显性地去教授。

2. 部分与核心素养相关的题目未必需要学生具备相关知识才能解题

尽管在阅读理解中，有些篇章与文化相关，但是解题上未必需要相关的文化知识，因为相关的知识已经在阅读文章中讲述。请看《新课标》第94页的例子，思考以下两个问题：

（1）第1题能否考查出学生在高中的英语学习中养成了哪些文化意识？

（2）第3题的考查方式在高考中有什么困难呢？

阅读理解题示例（节选自《新课标》）

People from East Asia tend to have more difficulty than those from Europe in distinguishing facial expressions—and a new report published online in Current Biology explains why.

Rachael Jackson, from University of Glasgow , said that rather than scanning evenly across a face as Westerners do, Easterners fix their attention on the eyes.

"We show that Easterners and Westerners look at different face features to read facial expressions," Jackson said. "Westerners look at the eyes and the mouth in equal measure, whereas Easterners favour the eyes and neglect the mouth."

……

1. The discovery shows that Westerners _____.

A. pay equal attention to the eyes and the mouth

B. consider facial expressions universally reliable

C. observe the eyes and the mouth in different ways

D. have more difficulty in recognizing facial expressions

......

3. Do you have any doubt about the data or ideas presented in this passage? Give at least three reasons.

尽管本篇阅读理解题的语篇涉及中外文化差异的话题，但是，我认为考生无须具备相关的文化知识，一样可以做好题。因为只要语言过关了，读懂了文章，题目就是对文章内容具体信息理解的考查。而文章的思维理解难度应该也不高，假如换成母语的话，小学高年级的学生可以完全理解并且做对相应的题目。第3题的确考查了学生的思维能力，而且题目也很好，若缺乏科学素养和批判性的精神的确难以答好题。不过这类题在高考中存在答案标准难以统一、评分信度较差、评卷时间加长等现实困难，因此不能有大量的考查。

3. "读后续写"写进了命题建议

内地学者王初明教授创新研究了协同效应在外语写作中的作用，并得到了应用推广。读后续写题已经在实验地区进入了高考试题。估计读后写概要和读后续写这类作文题将会成为普遍采用的题型。我认为，我们无须等高考考这类题型再进行读后续写的学习，读后续写不仅促进写作能力，也是提升外语综合能力的有效途径。

4. 强调试题的区分度

《新课标》提出：重视考试的区分度，反映优秀学生的学习潜能，以便高等学校根据人才选拔的需要择优录取学生。

命题人员因为受到全体学生平均分的限制，在命题上畏首畏尾，生怕平均分不好看。我们的学生样本太大了，差异性更大，水平高的学生已经完全超越了高中的学习要求，水平低的学生可能连小学毕业考试也考不过。我觉得把专科和本科分别进行高考和招生，更有利于高考选拔性命题。在现有的基础上，高考也会注重试题的选拔性，教师应该注意教学难度的把握。

5. 重视核心素养的考查

尽管核心素养不能全部考查，但是高考中还是会尽量体现。教师在平时的教学中应注重学生思维能力的培养，学生多阅读中外文化方面的书籍报刊，对高考肯定是有帮助的。

> 要通过语言材料的选择、考查重点的设置、考试项目和考试形式的设计等，直接或间接地考查学生的文化意识、思维品质和学习能力。比如，在阅读理解部分，可以适当选择涉及文化背景和文化差异、情感态度和价值观的语篇，试题的设计可以引导学生对其中的文化差异进行理解和判断，对语篇反映的情感态度和价值观进行分析和阐释；写作试题可以引导学生对现象、观点、情感态度进行比较和分析，并在此基础上发表或表明自己的观点、态度和价值观，以考查学生的思维能力。
>
> 《普通高中英语课程标准（2017年版）》

6. 合理制定评分标准

作文评卷过分关注学生的书写及句型，学生听取信息答题时出现拼写错误判零分，这些评分标准都值得商榷。

> 在听力理解部分，如果学生需要以书写的形式来呈现答案，评分标准则要合理对待书写的准确性问题。
>
> 写作部分主要考查学生以书面形式表达意义、传递信息、再现生活经历的能力，因此评分标准应该侧重评价这些方面的能力。
>
> 《普通高中英语课程标准（2017年版）》

的确，如果学生在听力答题中，完全听懂了，只是因为单词拼写写错了一个字母而得零分，似乎也不太合理。

No.27　如何看待高考试题中的不公平因素？

E 的困惑

王老师，我注意到《新课标》中说"试题所选择的语言素材和所创设的语言运用情境要充分考虑高中生的生活经验及所处社会环境，要避免因学生生活经历的明显差异而影响试题的公正性和合理性。另外，试题的设计应尽量使学生能够结合亲身经历或体验来答题。"这是否意味着高考命题时要避免城市和农村的学生存在差异等问题呢？

W 的解答

这让我想起2015年高考。当时全国Ⅰ卷高考语文作文题是就女大学生举报在高速路上违反交通规则的父亲引发的争议，给女儿、父亲或其他相关方写一封信。有一种观点认为这道题对于许多父亲没有开车带自己走过高速公路的农村学生不公平，曾引起媒体的热议。

我认为，不管是农村的学生，还是城市的学生，不管家里是否有车，是否曾在高速路上驾驶，都可以完全理解作文题目的含义。其核心就是自己的亲人做了错事，既违规又导致安全隐患，但是举报后亲人会受到处罚，这种情况下是否应该举报？后来，有学者用科学的方法进行了验证，这种题是不会导致城乡不公平性的，详见《中国考试》2018年第2期黄晓婷等的《高考语文作文试题的城乡公平分析》一文。

如果我们因为农村的学生不熟悉城市的生活就不能考城市的话题，因为城市的学生不熟悉农村的生活就不能考农村的话题，因为男生不熟悉女生的想法就不能考女生的话题，因为女生不知道男生的想法就不能考男生的话题，因为现代人没有在古代生活过就不能考古代人的话题；不能考国外的事情否则就对没钱、没出过国的学生不公平；不能考文学类否则就对理科生不公平；不能考科普类否则就对文科生不公平……

如此，还怎么命高考题！

读万卷书，行万里路，没有直接经验，也可以有间接经验。如果为了维护这些公平，而丧失了高考的引领功能，这将是更大的不公平。

我国基础教育的一个最大优点就是比较公平，教师尽量关注全体学生，考试也相对公平，不敢出太难的试题。我认为这也是一个缺点：由于过于照顾全体学生，追求平均教育，精英学生的潜能未能充分发展，学生的创新能力未能得到充分的锻炼。在智能时代，我们需要的是更多具有创新精神及独立研究能力的公民，而不是做将来能被机器替代的重复工作的生产者。

回到英语高考和高中教学，在高考中可能会涉及更广泛的话题，我们在教学中应该引领学生用英语去探索更多未知的世界，接触各种各样的知识；给学生提出更多具有挑战性或培养学生团队合作精神的任务，如项目研究或调查、演讲辩论、读书交流等。

No.28 高考英语一年两考有什么反拨作用?

？ E 的困惑

高考英语一年两考,给我们英语学科的教学带来什么样的反拨作用呢?是好还是不好?

W 的解答

1. 新高考更加凸显英语学科的重要性

在不少省份的高考改革方案中,实行语文、数学、英语三科加上另外三科选考学科的模式。但是,相比之前高考的分值,三科选考学科的分值有所降低,语文、数学、英语三科的比重相比就更加凸显了。在语文、数学、英语三个学科中,因为数学不分文理科,难度肯定没有原来高考理科数学那么难,因此对数学优等生的区分能力会下降;语文学科本身标准差就相对较小,学生间能拉开的差距也相对小一些;而英语学科在高考中原来的标准差就很大,两次考试机会更加减少了部分学生因为考试失误而考差的情况,学生将在两次高考中产生更大的分化。所以,我认为,在新高考模式中,英语的地位变得更加重要。

2. 充分利用英语两次考试的机会

英语两次考,学校一般会在高二下学期增加1个课时,高三上学期增加1~2个课时,而高三下学期的课时也不会减少。这样,英语学科的教学时间就得到了进一步的保证。

学生也会充分利用两次高考的机会，争取获得更好的高考成绩，极少数学生会放弃第二次英语高考。百次演习，不如一次实战。学生在第一次高考时会以比往同时期更加认真地全面备考；考完后，势必会对自己的英语学习有更客观的认识，对英语高考的要求和备考方法有更科学的判断。在此基础上，学生再进行一个学期的提升学习，一定能把英语能力和成绩提升一个档次。

3. 教师将更关注英语的核心能力

第一次高考时间的提前，让高考备考复习的时间和周期缩短了，这对英语教学未必是一件坏事，反而更有利于教师克服传统高三复习可能带来的弊端（这在前面的章节已经有所论述）。备考时间的调整将迫使教师更加关注学生英语的核心能力。教师可以坚定这一信念：只要学生综合运用英语的能力提高了，无论考什么题型，什么时间考，只要在考前稍加适应，都可以在考试中取得好成绩。

英语高考的改革将为教师进行全方位的提升带来新的机遇。在区域、学校、备课组、教师个人等层面都可以进行新的研究，调整团队或者个人的工作状态，创造机会进行弯道超车。

当然，两次考试会造成因为考试试题难度不同出现高考分数不公平的现象，但是，那是政策制定者需要考虑的问题。作为普通学科教师，作为进行英语一年两考改革省份的教师，完全可以开放的态度面对此次改革。像广东这样不用大变的省份，教师也要欣喜地看到我们国家的多样化发展。新高考强调给考生多样性的选择权，同时，上级部门也给各省教育部门多样化的选择权，这种态度很棒！

No.29 英语听说考试公平吗?

❓Ⓔ的困惑

现在越来越多的省份高考采用人机对话英语听说考试,这对不同地区的学生是否会不公平? 采用电脑评分,准确性是否能达到要求?

Ⓦ的解答

2011年开始,广东省高考全面实行英语听说考试。而在此之前,广东省高考英语2(报考外语类专业的考生要求加考的科目)已经在利用电脑进行口语考试了。可以预计,将会有越来越多的省份采用广东省首创的电脑人机对话听说考试方式。在此,不得不为广东省在英语教学考试改革方面美言几句。除了听说考试外,广东省在高考英语考试改革上还在以下几个方面走在前面:①2007年开始,取消单项选择题,改考语篇语法填空题;②2007年开始,取消短文改错题,增加书面表达的分值;③2007年开始,书面表达部分含有概要写作。另外,"读后续写"的写作考查方式是广东外语外贸大学王初明教授关于"协同效应"与写作教学的研究成果。未来还会有哪些革新题型对教学有更好的反拨作用呢?

言归正传。采用人机对话英语听说考试是否会对不同地区的学生不公平呢? 其实,这个问题应该更确切的表述:与笔头考试相比,不同地区之间在英语听说考试中的差距是否更大呢? 要回答这个问题,做一项简单的数据分析就可以了。用一个"落后"地区高考听说考试的成绩与某一个"发达"地区听说考试的成绩进行对比，然后用该"落后"地区的笔试成绩与该"发达"地区的笔试成绩进行对比，就可以看出两个地区听说考试的差距是否比笔试的差距更大。我本人尝试过，并没发现显著的差异。

如果要说资源上的不公平，不仅是听说考试的设备方面，笔试相关的其他方面也存在着地区之间资源的不均等。如果确实因为资源的不均等而造成听说考试成绩有差别，然后通过高考听说考试，使得资源欠缺的地区加大投入，为学生提供更好的学习条件，这岂不是好事吗？

如果因为担心某些"不公平"而放弃对教学有良好反拨作用的听说考试，放弃能够帮助学生提高日后在真实环境使用英语能力的教学内容，让学生继续学"哑巴英语"，难道这对学生、对我国的英语教育就公平吗？其实，对于其他考试的改革也是一样，不能因为维护某些公平而不去做一些能够带来更多公平的事情。

采用电脑评分，在技术上已经相对成熟，高考评卷时会制定更好的评分标准输入电脑，因而准确性也更高。平时使用的软件和试题的评分准确性与高考会有一定的差距。但电脑评分稳定性高，解决了不同教师之间评分标准差别大、同一教师容易产生评分疲劳等问题。当然，电脑对某些指标的把握和评判是不如人的。但是，从总体上考虑，电脑评分仍然比人工评分更加公平。

在未来，利用信息技术来辅助考试及评分将会得到更广泛的推广。人机对话听说（口语）考试也将会被更多的省份采用，当条件成熟时，分值也将会进一步提高。作为英语教师，应该十分欣喜地看到外语教学有这样的改变。

No.30 为什么高考会考读后续写题？

❓ Ⓔ的困惑

我注意到，浙江卷采用了新的高考写作题型——读后续写，不知道为什么会考这种题型呢？

Ⓦ的解答

写作属于产出性能力，如果不考虑评卷的因素，增加写作的比重，对学生产出性能力的提高有很大帮助。写作测试的另外一个功能是反拨教学，如果写作任务能更好地促进学生的综合语言学习，则更加理想。目前，读后续写就是这样一种较理想的写作任务。

读后续写的理论基础来源协同效应这一概念，认为人们通过对话在语言、心理及认知上会互相适应、互相配合，说话人倾向使用对方用过的词语或句型。王初明教授认为，除了人际互动之外，在语言学习上，学习者与阅读材料之间也存在互动。如果提供相应的材料，学习者会模仿使用阅读材料中的语言现象。他通过实验证明了学生在读后续写时能模仿阅读文章中的相关表达，以减少语言错误。该研究发表在 *Applied Linguistics*（2015年第36卷第5期第503～526页），题目为*Effect of alignment on L2 written production*，有兴趣的读者可以详细查阅。

之后，也有学者研究证实读后续写比命题写作更能有效地提升应试者的语言产出质量，尤其是在准确程度和复杂程度上；而且，读后续写对学习者的词汇习得效果也比概要写作更好。有兴趣的读者可以参考姜琳和陈锦于2015年发表在《现代外语》第3期的《读后续写对英语写作语言准确性、复杂性和流利性发展的影响》，以及姜琳和涂孟玮于2016发表在《现代外语》第6期的《读后续写对二语词汇学习的作用研究》这两篇研究报告。

王初明教授坚持"语言靠模仿，内容要创造"的外语学习原则，学生在续写时，"伴有前文构建的语境，伴有语言模仿的样板，伴有内容创新的依据"，从而能够对语言现象"学相伴，用相随"。在读后续写的过程中，学习者与优质阅读文本互动，会向高于自己写作水平的原作看齐，产生"拉平效应"，促进其外语能力的提升。

因此，读后续写是一种有效的外语学习方式，把读后续写加入高考的写作任务中，将对教学起到良好的反拨作用。为了在高考中取得高分，学生必将进行大量的同类训练。我建议教师在指导学生训练时，不要过于倾向应试化教学，在高中三年的教学过程中，选取的练习材料不一定囿于与高考完全一致，要选取能够引起学生的兴趣，甚至能够进行发散性创造的材料。除了读后续写，也可以选取一些经典故事让学生进行读后改编、读后改写。当然，学生的基本词汇及语法等知识是必备的基础。

No.31 信息技术在英语教学中有哪些应用方式？

？Ｅ的困惑

信息技术及人工智能日新月异，并不断地被广泛应用到各个领域，对于英语学科教学而言，有哪些比较实用的应用形式呢？

W的解答

我并不是一个科技达人，对这方面的了解并不深入，我只能把我知道的某些方面介绍给大家。（本处提到的软件或者应用均不提供全名。）

（1）语音录入训练发音。利用手机英语语音输入法，即学生朗读一段课文或者作几句话的小演讲，手机同时辨别，然后投影出手机文字识别的结果，可以几个学生互相比赛。建议教师做好示范教学，这样才更具说服力，以防学生认为输入法辨别能力有问题。值得一提的是，现在的输入法辨别能力都有95%以上的准确率，完全没有问题。

（2）用手机输入法即时翻译功能，选择"英译中"。当你想输入中文信息发给朋友时，你可以讲英文，此应用能够自动把英文翻译成中文。在使用时，语音的准确性和朗读的流利程度对语音识别的准确性有较大的影响。学生开始练习时，可以由少到多，由易到难，反复多次把同一句话说好。

（3）利用配音软件训练语音及模仿朗读能力。一些配音软件还可以建立班级学习群，教师可以布置作业，学生完成作业的情况及得分情况可以自动显示，操作十分方便。

（4）利用手机收听或者收看适合高中生的英语节目，或者进行文章及小说的听读训练。

（5）利用朋友圈打卡学习，促进学习的动力。高中生每天使用手机不方便，可以采用一些应用软件，不需要每天打卡，这些软件只统计累计的学习量和得分。

（6）利用网上作文批改系统，布置学生周末在网上完成写作，让电脑自动完成作文批改。电脑批改在某种程度上能完全取代教师的批改，可以大大减轻教师的工作量及补充教师批改不能做到的方面。

（7）利用即时响应的语言服务App。可以匹配多个国家多种语言的外语学习者，随时随地一键呼叫，与他们实时通话训练口语，互帮互助解决外语学习问题。

（8）利用网上免费的视频教学课程拓宽外语学习的资源和途径，接触优异、地道的以英语为母语的人士；利用收费的网络课程，精准地进行个性化学习。当然，网络的学习无法取代教师面对面的教学，教师的情感交流、监督跟踪、面对面交流等是电脑无法取代的。

（9）利用软件，制作文本录音。教师可以方便地将自编的对话、小文章、阅读篇章等材料，制作成音频文件。这种电子转换的录音，暂时还会稍显生硬，但是在录制单个单词上完全没有问题。

（10）用PPT以外的软件制作课件，呈现更好的课件效果。

（11）制作图文并茂的微课，用于转换学习方式。当你在教室里播放你录制的微课时，相信学生对课程内容会更感兴趣。除了可用一些微课录制软件在电脑完成外，还可用手机的"屏幕录制"功能，手机一边播放课件，教师一边说话，就可以录制成视频了。

虽然说，教师的作用不能完全被信息技术和人工智能取代，但是教师也不能做到信息技术和人工智能所能够做的许多事情。只有两者融合，才能发挥教育的最大效果。

No.32 学生人手一台平板电脑有帮助吗?

❓Ⓔ的困惑

现在，有越来越多的学校把信息技术与教学进行了深度的融合，一些学校甚至做到学生人手一台平板电脑。试问这种操作模式对教学有哪些利弊?

Ⓦ的解答

信息技术及人工智能已经不是有没有用、要不要使用的问题，而是怎么用好的问题。人类的科学技术发展已经到了超乎想象的程度，大数据让多年的逃犯在张学友的演唱会中落网；网络处处都留下你的痕迹，以至于网络比你的爱人更记得你的生日、你喜欢的商品、你关心的话题；人类自己创造的人工智能已经在很多工作领域做得比人更快、更好……

在这样的信息化时代，教育没有理由不敞开怀抱欢迎信息化及人工智能的应用。新的事物是来帮助我们的，并不是要完全取代旧的事物，就像黑板可以与PPT完美结合一样，我们没有必要以为"狼来了"。

利用平板电脑的一揽子资源于教学，要先熟悉，再有限度地运用于教学，不能为了使用信息化而信息化。目前，我观察到平板电脑系列资源在教学的应用有以下几个方面。

1. 课前应用

（1）推送相关的预习材料给学生。教师上课前一天晚上找到的材料，可以推荐给学生第二天早上看，无须到打印室打印。

（2）制作包含语音、视频等多模态的试题，直观地呈现网页、图片等多模态语篇。

（3）利用大数据，提前找到学生的难点并进行针对性的教学。

2. 课中应用

（1）发起投票让学生选择感兴趣的话题。举手投票会遇到学生参与度不高、结果难以统计等问题。

（2）进行分组、选组长、抢答、随机抽答、竞赛计分。

（3）学生通过平板电脑与同伴分享自己的作品，并进行互动评价。

（4）教师即时批改诊断，根据学生答题情况当堂讲评。

（5）教师根据学生错误的知识点，推送同类知识点的题目给学生。

（6）学生根据自己的水平，在平板上个性化答题。

3. 课后应用

（1）有利于教师积累个人电子学习档案袋，比纸质的档案更方便保存及检索。

（2）有利于教师开展学习竞赛、打卡、晒榜单等活动，有利于竞争气氛的形成。

（3）有利于教师帮助学生积累错题，推送错题拓展练习给学生进行课后训练。

（4）有利于教师智能批改作文、智能进行口语评分。

（5）有利于教师录制微课、微讲评，而不需要对同一问题解答多遍。

当然，过多地使用电子产品也会带来一定的弊端。一方面是视力问题，需要控制学生使用的总时长和每次的使用时间。另一方面是上瘾，不妨试试规定某一周为无平板周，让教师和学生的思维放慢下来。

另外，教师还要做好平板电脑的管理工作。一要保证安全，在存放平板的场室安装好监控。二要规定好使用规则，在不能使用的时间要放回统一的存放点。三要有惩罚制度，违规使用将被禁用一段时间。

No.33 如何利用国家提供的各类资源?

?Ⓔ的困惑

平时学校要求我们自制学案,提倡教师编写校本教材,您觉得这样做有没有必要?

ⓌW的解答

自制学案、编写校本教材可以提供适合本校学生实际的学习材料,同时也是教师自我锻炼提升的一个过程。但是,这也是一件费时费力的事情,如果教师不能全身心地投入或者经验不足,则难以保证材料的质量。

在一些教师交流群上,不时会看到关于教材是否重要的讨论。有一些教师认为,不用教教材,因为高考不是以教材为纲,而是以考纲为纲。从讨论的言语中还能让人隐约感到不教教材是一件值得"炫耀"的事。

我很欣赏不用教材也能教好学生的教师,也对能够编写出优于教材的教学材料的教师无比敬佩。不用教材也能教好学生的教师应该不少,但是大多数的"教好"应该只是定义在考试成绩好;而真正能编写出优于教材的教师应该是凤毛麟角的。

我想表达的观点:①经过国家审定的教材是优质的学习材料,虽然并不是所有内容都适合本校的学生,但是总能选择出很多优质的教学资源;②教师对现有的资源可以充分利用,省下很多自编材料的时间,可用于教研能力的提升或与学生交流;③我并不反对编写适合自己学生实际的材料,不过要把握好质量和斟酌其必要性。

我在读《新课标》时，发现除了我们平常用的教材模块外，还有许多值得我们去挖掘利用的资源。

1. 英语选修课程模块9、10

平时我们一般只利用1~8模块的教材；对于英语学优生，我们可以选择模块9、10的部分内容让他们学习。

2. 基础英语

这是教材编写人员为完成必修课程有困难或有就业和升学等需求，但需要补习基础知识与基本技能的学生而开设的课程。其实，这就可以作为初高中衔接教材的一部分了。

3.《新课标》为学生提供了很多有用的课程

科技英语、英语国家社会与文化、英语报刊阅读等课程提供了很好的阅读素材；英汉互译、英语演讲与辩论课程对锻炼学生的语言产出能力很有帮助；跨文化交际、英语影视欣赏、英语戏剧与表演等课程提供了很多课外拓展活动材料；英语文体与修辞、英语文学赏析等课程是对文学感兴趣的学生的珍宝；这些课程都能找到相应的教材。

无论是对教材资源的利用，还是教辅及外来资源，我都建议——选择适合自己的，尽量利用现有的，适量补充不足的。

No.34 如何开展科组活动?

E 的困惑

科组活动为我们年轻教师的成长和学习提供了很好的平台,但是,平时科组活动的形式以听评课为主,活动多了感觉经常重复。有没有更多的科组活动的组织形式,提供更好的学习机会呢?

W 的解答

科组活动是学校教师日常教研的主阵地。与聆听各级专家讲座的培训形式相比,教师在本校科组活动中的交流更自然、更深入,时间更充分,内容更贴近本校实际,形式更丰富。下面我谈谈科组活动的一些组织形式。

1. 论文学习

由科组科研骨干主持,从《中小学外语教学》(中学篇)等期刊中挑选出适合科组教师共同学习的篇章,复印给教师。科组活动上先给出充足的时间让教师研读;教师在研读后,科研骨干教师对论文的不同部分进行理解分析,提出一些话题给教师讨论。

论文的选择可以有多个维度,如理论研究类、话题探讨类、课例研究类等。

2. 试题研究

(1)统一对若干篇高考真题进行分析,分析后汇报成果。

(2)对平时的模拟题或测试题进行评价,提出改进意见。

(3)教师合作命题。对于命题要求较高的阅读理解和完形填空等题型,可以提供篇章，让教师命制一两道题，以减轻任务难度。

3. 课例研讨

（1）选取优秀课例录像，让教师共同观看后进行讨论点评，对部分环节提出不同的教学设计。

（2）对本校某位教师初步的备课进行讨论，提出改进建议。

4. 专题研讨

就本校面临的一些共同问题，分析问题，并提出解决设想。例如，如何提高早读质量？如何检查落实作业？如何批改学生的听写作业？如何分层教学……

5. 听课评课

这是现在大多数学校常用的一种教研方式。当然，这种传统的研讨方式有利于全体教师的参与，非常朴实有效，不少学校都推动"每人一课"的公开课研讨。不过，这种传统的研讨方式也可以呈现不同的方式。

（1）创新评课方法

①随机抽签发言。

②后发言的教师不能重复前面教师已谈及的观点。

③说出一个优点后必须提一个需要改进的地方。

④对某一个教学环节提出其他可供选择的方法。

（2）创新听课方法

①录课后重看评价。

②分别侧重观察教师和学生的活动。

③分配任务，不同教师侧重听不同的环节。

④专人记录某些环节的时间、师生活动的时间。

No.35 如何操作"同课异构"的研讨？

E 的困惑

在上学期学校的教学开放日中，学校举办了以"同课异构"为主题的教学研讨课，我和本校科组的另外一位教师就同一节课分别备课上了一节研讨课，但是最后却发现两节课的设计和内容差别不大，这不禁使我思考："同课异构"活动怎样才能开展得更好？

W 的解答

在你校举行的这次"同课异构"活动中，两位上课教师在同一学校，相对同质，因此差异不大并不奇怪。因此，要达到"同课异构"的效果，我有以下几点建议。

1. 尽量保证授课教师的异质

在选择授课教师时，我们可以选择不同资历的教师、不同学校的教师、不同地区的教师、不同国籍的教师（中方教师与外籍教师），或者是在平时教学中体现出不同风格的教师。

2. 上课前可以交流教学设计

研讨性质的"同课异构"课不存在激烈的比赛竞争关系，因此，授课教师在有了初步的教学设计后，可以互相沟通。如果教师在某个教学环节有不同的想法可以尝试时，不妨做出协调，对部分教学环节进行更改，以保证最后呈现的两节课更具有研讨性。

3. 拓新备课资源和设计方向

要使"同课异构"的最终结果达到启发教师思考、创新研讨的目的，最主要的是要求授课教师拓宽备课资源渠道、创新设计思路。如果常规的课堂注重课内知识的掌握，新的思路可以让学生先学习课内基础知识，课堂上再进行知识的拓展延伸；如果常规的课堂以教师主导为主，新的思路可以把教师当成教练员的角色，把训练场交还给学生；如果常规的教学资源局限在课本及辅导材料上，新的思路可以从多媒体、实时发生的事件中获取授课资源；如果常规的教学媒介局限于纸质资源和教师用电脑辅助，新的思路可以借助网络及信息化平台，让学生在信息化平台中进行互动学习。

"同课异构"并不是要求整节课的设计都不同，这也不可能做到，毕竟教学的共性是存在的。因此，"同课异构"活动开展到了一定程度后，也可以转变方式。我个人比较推崇的一种方式是由一位或者两位教师，就同一个课题或单元的不同课时进行连续性的授课，这样也解决了单节公开课过于碎片化，以及由于缺乏整体单元话题设计而呈现的问题。

第二篇

科学规划篇

2

No.36 如何规划高中三年的学科教学？

E的困惑

在教学中，我经常会感觉处于赶进度的状态中，感觉平时的测验、放假、讲练习等都与新课讲授的时间有较大冲突。不知道平时如何合理规划一个学期的教学？

W的解答

其实，我们不仅要规划一个学期的教学，还需要整体规划好高中三年的教学工作。下面以我2011—2014年在广东佛山市南海区桂城中学开展的高中三年规划教学经验为例，谈谈我的一些做法。值得注意的是，不同学校的情况各有不同，参考时应该根据学生的水平进行适当的调整。

本节我先谈谈进行规划的意义及根据。

1. 制订三年发展计划的意义

（1）可以促进英语科组对高中三年教学内容的科学规划。课程计划应对高中阶段使用哪些教材、学习哪些知识和提高哪些能力进行初步的规划。

（2）可以促进高中三年教学进度的科学规划，实现"高中三年一盘棋"。这样可以让高中三年的教学更高效，少走弯路，少走重复的路，在每个学段中教学本学段应该掌握的知识。

（3）让不同阶段新接手的教师对教学内容和教学对象有直观、快捷的了解，能够尽快地融入本年级的教学体系中。

（4）可以为学校的段考命题提供进度依据，也能让科任教师尽早安排自己的教学进度。

（5）可以提供给兄弟学校以及相关上级教研部门进行参考，共同研究合理的教学内容及教学进度。

2. 制订课程计划的教学理论根据

（1）高中英语教学应该以掌握外语知识为中心。高中生还处在外语学习的初级阶段，在用语言完成教学任务的过程中，在词汇、句法等方面还面临着很大的困难。从某种意义上来讲，高中外语学习和小学中高年级的母语（语文课）学习有点相像，与高中语文学习中的"古文学习"的特点更加接近。在高中阶段，学生应该想方设法地学习语言知识。因此，以往高一、高二阶段学习基础知识，高三阶段进行"题海战术"和"技巧学习"的做法有待商榷。高三阶段的大部分时间应该进行语言知识的教学，缩短应试冲刺的时间。

（2）外语学习应该要有不断重复的机会。外语是记忆类的学科，遗忘率很高，唯有不断的重复才能把知识牢记在脑海中。因此，教师在教学安排上应该通过教学、复习、检测等手段引导学生重复学习，让知识呈"螺旋式上升"。另一种重复的手段是鼓励学生进行大量的阅读，在阅读中学习鲜活的语言，外语学习需要有机会"浸泡"在外语中。

（3）在学习外语知识的同时，学生也应该在此过程中学习国外文化，了解国际时事，提高文化修养，增加其他学科知识的学习。教师应创设丰富的语言环境，让学生学习英语，如开展各种活动、让学生用英语交谈、接触外国文化等。

（4）教学中应该以学生的实际情况为出发点。每个学科都有课程标准、高考大纲，教材也有固定的教学内容。但是，上述这些都不是真正的标准。真正的标准是学生的实际。如果学生消化不了那么多的知识，教师就不要全教规定的内容。100%的知识只学到五成，或是70%的知识掌握了八九成，哪一种的效果更好呢？教师不仅要对教材敢于删减，对《新课标》和高考大纲也可以根据学生的实际进行取舍。在教学速度和节奏的把握上更应该时刻关注学生的接受情况。

（5）高中阶段要丰富辅助性学习资源。在信息爆炸的时代，学生不是缺乏资源，而是害怕资源泛滥，如很多练习册、辅导报刊用过就扔。学生难以和一些精品书籍交为"挚友"，和那些很快就会过期的"过客们"（这里特指那些用过就扔的教学资源）难以产生深刻的情感，影响了学习的效率。在高中三年，教师应该精选辅助教学资源，让这些资源可以辅助主要教材，陪伴学生的高中三年，乃至将来的学习。

（6）在教学中，教师应该鼓励和鞭策相结合，以激发学生学习的积极性。一方面，教师需要对学生加以鞭策，以保证基本的学习纪律和动力。另一方面，教师应创造更多的机会激发学生的学习兴趣和斗志。

No.37 课程计划具体如何操作?

❓ Ⓔ 的困惑

上面您谈的进行高中三年课程规划的观点很有用, 具体应该如何开展呢?

Ⓦ 的解答

下面我就讲讲一些课程计划的具体操作设想, 在下一节将给出具体的时间方面的安排和建议。

1. 以教材为核心, 加大学生精读学习的力度

在教学过程中, 教师要确保学生能够"看懂课文—翻译课文—听懂课文—听写部分课文—朗读课文—复述课文—就课文话题进行讨论—模仿、翻译课文内容(模仿写作)—就课文话题进行写作(话题作文)"。

为了加强对课文的精读学习, 可减慢课程教学进度, 每学期教学5个单元(原来的教学进度为6个单元), 并考虑删减部分内容。在高三第一学期的大部分时间, 仍通过课义来强化学生的基础知识。

2. 补充辅助教材, 进行拓展精读学习

把《新概念英语》作为辅助教材。高一、高二阶段完成《新概念英语(第二册)》的学习。根据学生的水平, 高三阶段可以补充学习《新概念英语(第三册)》的部分篇目, 并开设"高考英语阅读"课程。

3. 重视词汇教学

每个单元进行两次词汇测试, 实行补考制度, 结合"英语名言佳句", 从高一阶段开始贯彻高考词汇的学习，让学生在语境中感受词汇，在记忆词汇的同时接触西方文化，欣赏精华英语。同时进行阶段性检测，实行补考制度。

4. 拓宽学习渠道，促进学生接触语言的机会

创造条件，设置阅读课，充分利用学校英文阅览室资源；鼓励学生订阅《二十一世纪学生英文报》《疯狂英语》等报刊；鼓励学生每年读一本英文简写本；定期选辑相关的新闻听力和阅读文集给学生听、让学生读。

5. 把握好教学的节奏

教师在课内、课外都要关注学生学习的实际情况，不能贪多求全。

6. 过关测试和竞赛相结合

在学校段测以外，每个单元组织单元过关考试，每个模块组织模块知识过关考试。需要注意的是，测试中大部分内容应该与本学段所学知识紧密联系，并通过各种竞赛、兴趣活动等增强学生的学习兴趣。

7. 重视学生英语知识的训练

训练内容包括书写、说话的声音、表达的感染力等。

8. 开展丰富的英语社团活动

每年举办英语节等活动。

No.38 有没有高中三年规划的具体时间表？

ⓔ的困惑

对于我们而言，更直观、具体的应该是详细的规划表，甚是期待。

Ⓦ的解答

好的，下面直接附上学期总体计划表和学期详细进度参考表格。

学期总体计划表

序号	年级	学期	主教材	辅教材	系统语法项目
1	高一	上	1～5单元	NCE2 1～24课	词类、句子成分、基本句型、时态
2		下	6～10单元	NCE2 25～48课	语态、宾语从句、状语从句
3	高二	上	11～15单元	NCE2 49～72课	表语从句、主语从句、定语从句、同位语从句
4		下	16～20单元	NCE2 73～96课	非谓语动词、强调句、倒装句、虚拟语气
5	高三	上	21～24单元	NCE3 1～15课 高考英语阅读	微语法知识回顾：名词（复数）、动词（各种变式）、代词、形容词副词（等级）、常用介词、常用连词
6		下		NCE3 16～20课 高考英语阅读 专项突破	高考语法填空、写作语法突破

【备注】

1. 主教材为"北师大版高中英语"系列。

2. NCE为《新概念英语》的缩写。

3. "高考英语阅读"课程采用近年高考阅读题改编的材料。

4. 语法学习为系统的语法学习，与课文中出现的语法项目学习不冲突。

学期详细进度参考

序号	年级	学期	学段	主教材	辅教材	系统语法项目
1	高一	上	1~7周	初中衔接 Unit 1	NCE2 1~10	词类、句子成分、基本句型
			8~14周	Unit 2~3	NCE2 11~17	时态1
			15~21周	Unit 4~5	NCE2 18~24	时态2
2		下	1~7周	复习 Unit 6	NCE2 25~34	语态
			8~14周	Unit 7~8	NCE2 35~40	宾语从句
			15~21周	Unit 9~10	NCE2 41~48	状语从句
3	高二	上	1~7周	复习 Unit 11	NCE2 49~60	表语从句、主语从句
			8~14周	Unit 12~13	NCE2 61~67	定语从句
			15~21周	Unit 14~15	NCE2 68~74	同位语从句、主语从句综合
4		下	1~7周	复习 Unit 16	NCE2 75~84	非谓语动词
			8~14周	Unit 17~18	NCE2 85~90	强调句、倒装句
			15~21周	Unit 19~20	NCE2 91~96	虚拟语气
5	高三	上	补课 1~7周	复习 Unit 21~22	NCE3 1~5	微语法知识回顾：名词（复数）、动词（各种变式）、代词、形容词副词（等级）
			8~14周	复习 Unit 23~24	NCE3 6~10	微语法知识回顾：常用介词、常用连词
			15~21周	复习	NCE3 11~15 高考英语阅读 1~20	语法复习

续　表

序号	年级	学期	学段	主教材	辅教材	系统语法项目
6		下	1～7周	复习	NCE3 16～20 高考英语阅读 21～40 高考专项1	高考语法填空、 写作语法突破1
			8～14周		高考英语阅读 41～65 高考专项2	高考语法填空、 写作语法突破2
			15～21周		高考英语阅读 66～70 高考专项3	高考语法填空、 写作语法突破3

No.39 一个单元的课时应该如何安排?

❓ Ⓔ 的困惑

请问具体到一个单元又该如何安排?

🔍 Ⓦ 的解答

下面提供的是我在某年秋季一个学期的进度安排表及一个单元课时的进度安排表,以供参考。

第一学期进度安排

周次	时间	教学安排	测试、竞赛安排	备注
1	8月29日—9月4日	初高中衔接		
2	9月5—11日	初高中衔接		中秋节
3	9月12日—18日	初高中衔接	趣味英语知识竞赛（班内组织）音标过关考试（各班自行组织）	
4	9月19日—25日	Unit 1	初高中衔接知识测试（语法测试《轻松过关》语法1～5）	
5	9月26日—10月2日	Unit 1		国庆节
6	10月3日—9日	Unit 1、Unit 2		

续 表

周次	时间	教学安排	测试、竞赛安排	备注
7	10月10日—16日	Unit 2	段考（内含Unit 1单元测试）（语法测试《轻松过关》语法6～10）	
8	10月17日—23日	Unit 2		
9	10月24日—30日	Unit 2	期中口语考试（各班自行组织）	
10	10月31日—11月6日	Unit 3	Unit 2 单元测试	
11	11月7日—13日	Unit 3	书写过关考试及书写比赛（备课组安排）	
12	11月14日—20日	Unit 3、 Unit 4	英文歌曲大赛	
13	11月21日—27日	Unit 4		
14	11月28日—12月4日	Unit 4	段考（内含Unit 3单元测试）	
15	12月5日—11日	Unit 5		
16	12月12日—18日	Unit 5	Unit 4 单元测试	
17	12月19日—25日	Unit 5	英语词汇竞赛、英语朗诵比赛	
18	12月26日—1月1日	Unit 5	Unit 5 单元测试 期末口语考试（全级统一组织）	元旦
19	1月2日—8日	期末复习	期末口语考试（全级统一组织）	
20	1月9日—15日		期末考试	

单元课时进度安排

每单元3周，共19课时	
内容	课时数
Warming-up +单元词汇	1
Lesson 1	2
Lesson 2	1
练习及讲评	1
Lesson 3	2
Lesson 4	2
Communication WS	1
练习及讲评	1
语法专题	3
阅读	3
机动	1
测试	1

【备注】如果遇到放假等时间上有冲突的情况，课文的进度不变（见教学安排），可以减少阅读和语法的课时。有课文的Lesson 1、3、4可以尝试用2节、2.5节或者3节课上，要保证学生能充分理解、记忆和运用，确保学生能从课文精读中学习到基础知识，培养学生的语感，提升学生的说写能力。

No.40 平时的单元测验都有什么题型?

🙋 E 的困惑

听了您的介绍,我知道了在测试中要多加入与本学段学习相关的知识考查,考查的内容是学生能够花时间准备的。那么,有没有案例可以直接参考呢?

🎩 W 的解答

有的,我直接提供之前的题型试题,如下所示。

桂城中学高一英语单元测试题型示例

时间:65分钟　　　分值:100分

【65分钟容易操作,1节课(40分钟)加早读课(25分钟)】

一、单词拼写(共10小题,每小题1分,共10分)【参考时间:5分钟】

(按照括号内的中文写英文;加粗斜体的英文写中文;看音标写单词)

1. She _____ (抱怨) to me about his impoliteness.

5. He tried to get onto the *crowded* _____ bus.

8. I want to be an _____ /əˈkaʊntənt/ when I grow up.

(中译英4题;英译中3题;音标译英3题)

二、课文词句填空(共10小题,每小题1.5分,共15分)【参考时间:5分钟】

1. 它们占用了太多空间。

They _____ too much space.

....

（来自课文的词汇、短语或者句型，以句子的形式呈现。）

三、课文语法填空（共10小题，每小题1.5分，共15分）【参考时间：5分钟】

When I wake up I don't get up immediately. I turn on the television and watch the children's programmes and old movies ___1___ about half-past ten. Then I get up, go downstairs and switch on the TV in the ___2___ （live）room. ___3___ lunch, I have biscuits and a glass of milk, and I watch the news. In the afternoon, I often watch another old film—they ___4___ （show）some good ones at the moment. In the evening, I often watch TV series or sport and the news again. I like the main news at six o'clock. At nine thirty, if there is ___5___ good play on BBC 2, I switch over and watch ___6___ .

Then at night, I watch ___7___ （many）films and I usually switch off the TV at about two o'clock. I never watch TV all night. Of course, I couldn't live this lifestyle ___8___ a good wife. She's not here now ___9___ she's working, but she always makes my meals. We haven't got much money, you know, ___10___ we're happy.

根据课文改编的语法填空。

四、语法聚焦（填空和完成句子）（共5小题，每题2分，共10分）【参考时间：10分钟】

1. 他通常早晨7点去上学。

He often _____ at seven o'clock in the morning.

....

(句子翻译可以是翻译整句话或者是部分句子。)

五、完形填空。（共15小题，每小题1分，共15分）【参考时间：10分钟】

高考题型的完形填空。

（略）。

六、阅读理解（共10小题，每小题2分，共20分）【参考时间：15分钟】

共两篇。其中一篇的文章规定范围，重设题目。重设题目可以考虑设成选择题或者是任务型阅读题型（主观题）。

（略）。

七、写作（共15分）【参考时间：15分钟】

假定你是李华，是桂城中学的学生，你从报纸上得知B&B公司要招聘一名兼职英文秘书，你很感兴趣。请给该公司写一封求职信，包括下列要点：

1. 年龄。

2. 学习情况及英语水平。

3. 兴趣和特长。

4. 性格特点。

注意：1. 词数：100左右。

2. 可适当增加细节，以使行文连贯。

3. 开头语和结束语已为你写好，不计入总词数。

Dear Sir/Madam,

I have learned from the newspaper that your company needs an English secretary.

......

I'm looking forward to your reply.

Yours Sincerely,

Li Hua

No.41 高三一轮复习应该如何进行？

?Ｅ的困惑

您对高三第一轮复习有什么建议？

Ｗ的解答

我认为，高三第一轮复习、第二轮复习、第三轮复习的界限不应该划分得过于清楚，我倾向于不提"第一轮、第二轮、第三轮"的复习概念。复习不仅应该在高三阶段进行，整个高中三年应该进行整体规划，在高一、高二阶段也应该安排循环复习，让学生的知识呈"螺旋式上升"；而高三阶段也不仅是复习，还应该做一些提升性的学习。这是我在高中三年课程规划中践行的理念。

不过，高三阶段应该进行复习，下面我附上我在《轻松过关·全国高考英语基础复习与能力提升》一书中的前言部分，看能否解答你的问题。

附文

高三一轮复习建议

笔者经常听教师和学生反映，到了高三，高一、高二时学习的词汇遗忘率极高；而且，如何处理课本复习也让人很是头疼。不复习，心里不踏实；时间花多了，效果似乎又不明显。为了更好地提高高三复习的效率，笔者编写了本书，并提出以下建议。

1. 高三阶段应该注重课本复习

很多高三学生的知识现状是：课本词汇记不牢，课文朗读不准确、不流利，难以利用所学的知识进行写作或口头表达自己的观点。因此，建议教师对高三课本进行以下处理：

（1）让学生多次重复记忆课文词汇，写作常用词记住英文，阅读词汇记住中文意思。

（2）让学生熟练、准确地反复朗读课文，并背诵课文中的重点句子。

（3）让学生多做与课文相关的改错、语法填空等练习，通过多种形式熟练掌握课文。

（4）让学生学习课文词汇的词类转换，既能扩大学生的词汇量，又能提高学生语法填空的应试能力。

（5）让学生进行课文相关话题的写作或者翻译训练，提高学生的词汇和句法水平。

2. 课文复习要注重效率

课文是我们在高一、高二阶段花了两年时间学习的内容，不能随便抛弃，应该将其透彻掌握。但是又不能仅仅进行低效的低层次学习，占用高三宝贵的学习时间。课文复习的参考操作如下：

（1）每单元课文复习两个课时。

（2）学生课前完成"课时自测"。

（3）第一课时前20分钟让学生自行复习，解决自测中的难点，并找出学习重点。

（4）第一课时后20分钟让学生在教师的引导下交流、复习单元的重难点。

（5）第二课时前10分钟让学生自行朗读、记忆课文重点内容。

（6）第二课时中10分钟让学生在教师的引导下学习"语言回顾"，并进行造句练习。

（7）第二课时后20分钟让学生进行写作或翻译（10分钟）、交流（5分钟）、背诵（5分钟）。

3. 巩固语法基础

全国卷对语法的考查比较多，仅有的一篇100词的作文也让语法的正确性在评分规则中更加突出。本书的语法题让学生从已经学过的课文中体验熟悉的语言现象，强调语法的运用，单句语法填空和单句改错能更好地帮助学生循序渐进地攻克语法难关。建议每周开设一节语法复习课。

4. 提升写作能力

句子是写作的基础，本书"写作基础"部分从真实的作文当中提炼出27个基础语法点和11个提升语法点。学生既可以强化语法知识，又可以训练写作句子，还能接触海量的写作话题。

"分类写作"部分有全国卷详细的写作考查类型学习内容，提供了经典句子背诵和满分佳作赏析。学生在写作中若能注重书写美观、要点分段、用上好句，再加上没有大的语法错误，拿到20分左右的分数不是难事。

建议每周开设一节写作课。一轮打下写作基础，为二轮的写作提升训练做铺垫。

5. 提升阅读等专项能力

高三阶段既要复习课文基础知识，又要提升能力，不能因为过多的基础复习而让学生的水平产生倒退。建议在阅读、完形、七选五等篇章中积累词汇，并把这些篇章朗读3~5遍。朗读既能帮助学生体会词汇的真实用法，又能提高学生语言处理的准确性和速度，再加上适量的语法填空和短文改错专题训练，可帮助学生提升语言的综合运用能力。

6. 高中三年的学习呈"螺旋式"上升

为了减轻第一轮复习的压力，提高效率，高一、高二阶段的学习中应该注重循环重复。教师可以通过日常听写、日常小测、单元测试、学段测试、期末测试、模块测试、学期回顾测试（在下一学期的适当时候重新测试上学期的内容）、学年回顾测试等，引导学生对课文所学内容进行反复记忆。

同时，在第二轮复习中也应该在每周留出一节课给学生再次回顾课本内容。学生通过"把书读薄"，从而实现知识的"螺旋式"上升。

No.42 高三一轮复习如何具体安排?

? E 的困惑

有没有高三阶段一轮复习的具体安排表呢?

W 的解答

下面我将附上一份高三第一学期课文、语法和写作的复习课时安排表和一份复习周课时安排表,以供参考。

高三第一学期复习进度表

周	课文复习（2课时）	语法（1课时+课外作业）	写作（1课时+课外作业）
暑1	Unit 1	1-1 词类；1-2 句子成分；1-3 句子种类；1-4 基本句型	夯实基础1、2
暑2	Unit 2	2-1 一般现在时；2-2 一般过去时；2-3 一般将来时；2-4 一般进行时	夯实基础3、4
暑3	Unit 3	2-5 过去进行时；2-6 现在完成时；2-7 过去将来时；2-8 将来进行时	夯实基础5、6；邀请信
暑4	Unit 4		
1	Unit 5	（分类语法）冠词、代词、介词、名词（单句改错）冠词、代词、介词、名词	夯实基础7、8；询问/回复信
2	Unit 6	（分类语法）主谓一致、形容词、副词（单句改错）主谓一致、形容词和副词	夯实基础9、10；请求/求助信

周	课文复习 （2课时）	语法 （1课时+课外作业）	写作 （1课时+课外作业）
3	Unit 7	2-9 过去完成时；2-10 现在完成进行时； 2-11 将来完成时；2-12 时态复习	夯实基础11、12； 申请/求职信
4	Unit 8	3-1 被动语态（一）； 3-2 被动语态（二）； 3-3 被动语态（三）	夯实基础13、14；建议信
5	Unit 9	3-4 被动语态（四）； 3-5 被动语态（五）； 3-6 语态复习	夯实基础15、16； 感谢/祝福信
6	Unit 10	（分类语法）动词的时态、语态； （单句改错）动词的时态、语态、成分	夯实基础17、18；投诉信
7		机动/阶段考试	
8	Unit 11	4-1 状语从句（一）； 4-2 状语从句（二）； 4-3 状语从句（三）	夯实基础19、20；道歉信
9	Unit 12	5-1 宾语从句（一）； 5-2 宾语从句（二）	夯实基础21、22；观点议论
10	Unit 13	6-1 表语从句（一）； 6-2 表语从句（二）	夯实基础23、24；记叙描写
11	Unit 14	7-1 主语从句（一）； 7-2 主语从句（二）	夯实基础25、26；说明介绍
12	Unit 15	（分类语法）状语从句、名词性从句、 并列连词； （单句改错）连词（状语从句、名词性 从句、并列句）	夯实基础27；发言/演讲稿
13	Unit 16	8-1 定语从句（一）； 8-2 定语从句（二）	句式提升1、2；地方介绍
14	Unit 17	8-3 定语从句（三）	句式提升3、4；活动安排
15		机动/阶段考试	
16	Unit 18	9-1 同位语从句； 9-2 同位语从句与定语从句的区别	句式提升5、6；报道/调查
17	Unit 19	10 动词不定式；11 动名词	句式提升7、8；启事
18	Unit 20	12 现在分词；13 过去分词	句式提升9、10；倡议

续　表

周	课文复习 （2课时）	语法 （1课时+课外作业）	写作 （1课时+课外作业）
19	Unit 21	（分类语法）定语从句、非谓语动词； （单句改错）定语从句、非谓语动词	句式提升11；留言/请假条
20	Unit 22	14-1 虚拟语气（一）； 14-2 虚拟语气（二）	写作复习
21	Unit 23	15 倒装句；16 强调句； （分类语法）虚拟语气、特殊句式	写作复习
22	Unit 24	语法复习	写作复习

高三第一学期复习周安排表

星期	上课	背诵作业	笔头作业（参考时间）	6：30—7：00
一	课文复习	背诵句子	总复习书（20分钟）	
二	语法	听写单词	完形语法（15分钟）	听说训练
连堂	阅读			
三	课文复习	背诵句子	总复习书（20分钟）	
连堂	《新概念》			
四	课文复习	背诵句子	完形语法（15分钟）	朗诵《新概念》
五	作文	背诵《新概念》	作文（30分钟）	
六	/	背诵《新概念》	阅读（30分钟）	
日	《新概念》/课文	听写单词	总复习书（20分钟）	朗诵作文
新概念课堂复述轮序：周一（1～10号）；周二（11～20号）；周三（21～30号）；周四（31～40号）；周五（41～结束）				

No.43 考前一个月应如何安排?

?E的困惑

到了高考前一个月,该复习的也复习了,学生的成绩也比较稳定,到达了一定的水平,这时主要的教学活动就是测评,那么,怎样指导学生才更有效?

W的解答

到了高考前一个月,进入决胜的关键期,高考的比拼本来就是分厘之差,只有最后阶段处理好了,才能确保三年备考果实的丰收。

1. 以思想工作为先

(1)认识到英语最后时期的关键作用。绝对不能有"英语可以放一放"的思想。教师说放一放,学生就会放弃。英语遗忘极快,一个月放松了,高考时很多单词就会变成很熟悉但又叫不出名字的"老朋友"。

(2)树立"只重过程、不问结果、尽力而为、问心无愧"的心态,不求每名学生都认真,但求能激活一名学生认真学习就是胜利的信念。

(3)想方设法激发学生的学习积极性,教师多做学生的思想工作,甚至可以利用课堂的时间,通过讲述往年学校的成绩、身边同学的进步、以往学生成功或失败的案例、英语对总分的贡献等,对学生晓之以理、动之以情。

2. 稳定大板块,找到增分点

对学生已经养成的综合能力,应该通过适量的训练稳定,寻求稳定中的提升。同时,善于挖掘高考的增分点,如语法点、写作的某个点、完型阅读的某个类型等，让学生持续体会到学习的收获。

3. 做好测试的系统管理

最后一个月的几次校内模拟考是学生考前最后的演练机会，必须全方位保证落实的质量。

在此附上一份我们对学生进行测试的要求，以供参考。

（附）（文）

5月测试对学生的要求

1. 学生不得无故不参加考试，不得不交答卷或答题卡，不得作弊，考试期间不得睡觉，不能做和考试无关的事情。违反者罚抄试卷一遍。

2. 学生需要认真核对准考证号，认真填写姓名，对准题号涂答题卡。这些方面出错的学生需要罚抄作文范文3遍。

3. 写作要求：

√ 学生用笔颜色要够黑，笔画要大。

√ 书写要工整，字迹不潦草。字间距要适中，要有整体感。

√ 涂改限3处内。

√ 正文按照要求分段。

√ 完成写作任务。

√ 正文的行数在10～13行之间。

√ 正文的词数在100～140之间。

4. 答卷时间指导（各项含涂卡及写答案时间）：

阅读理解	35分钟
七选五	10分钟
完形填空	15分钟
语法填空、短文改错	15分钟
写作	40分钟
机动	5分钟

（备注：本时间安排是针对广东考生无听力版的全国Ⅰ卷）

5. 特别提醒：

√ 做得快的学生，做完要检查，或者在做的过程中稍微放慢速度。

√ 在检查过程中，对能肯定的进行更改，对不能肯定的题目要相信自己的第一感觉。

√ 通过训练，熟悉考试环节。

6. 14：30～15：00学生读、背作文范文和写作句型等内容。15：00～17：00测试。

以上提到的仅仅是最后一个月需要注意的几个方面，虽不能面面俱到。但最后一个月，安排上要尽量细致，最好附上每天的安排表，让学生做到踏实备考。

No.44 考前最后10天应如何安排?

❓ Ⓔ的困惑

高考进入最后10天倒计时，进入既紧张又充满期待与兴奋的阶段，如何让学生克服浮躁情绪，安心备考?

Ⓦ的解答

我的建议主要有以下几点。

1. 与有需要的学生多进行个别辅导及情感交流

教师可以与学生一起分析之前试卷的错题，检查作文的错误，改进书写，开解学生心中的疑问或者紧张情绪。

2. 与学生一起重做高考真题

课堂上，教师可以用高考真题给学生细致地、有序地示范如何做题，给学生示范如何写作文，而不是将一篇范文投影出来给学生。通过这种方法，学生能对高考的解题过程有更深刻的印象，对高考的命题特点及考点能更好地把握。

3. 坚决放弃"定局论"

（1）尽管考前10天知识已经基本定型，但是如果不学习保温，知识的准确性肯定会下降。尽管知识已经定型，但是状态是一个不确定的因素，后一阶段做不好，状态不好，高考成绩肯定不如意。

不要存有"英语没有提升的空间"的想法。多背几个作文句型，写作肯定能用上一两个；多看一些单词，高考肯定能遇上；多朗读一些题目，阅读的语感会更强。

（2）一手抓"做题"，保持题感和手感；一手抓知识的复习记忆，如词汇复习、完形语法阅读复习、作文模板和范文的朗诵。

（3）教师在上辅导课时要不断地到学生中间走动，对不认真复习的学生进行适当的提醒。

4. 调动学生对待英语的态度，可以与学生讲道理

（1）最后的10天，不能期望在某一学科上有很大突破，进步10分或20分。最重要的是一个"稳"字，让学生在前段时间的学习成果能在高考中发挥出来，调整好备考状态，以便有更佳的表现。因此，我们最后10天，一定要做到每一学科都兼顾。如果把某一学科放在一边，必定会导致该学科的状态和感觉下滑，后果是不堪设想的。

（2）现在还想在某一学科上取得重大突破，过于求胜和激进，过于功利、过于焦虑，再伴随着彷徨和困惑，必定会对自己的心理产生一些不良的影响。另外，也会对其他学科失去感觉，最后是捡了芝麻，丢了西瓜。

（3）英语是综合能力类的学科。学了两小时不一定就有什么收获。但是你这两小时学到的内容在高考中一定会有所体现，一是体现在学到的词汇对语言的理解上，二是体现在做题的感觉上。

（4）不能因为其他学科有"抓热点"的题目，就猛做，而忽视英语学科。谁都不能确定热点一定考。哪怕是在做过的30个题目中碰上1个，在高考中的作用也是有限的，印象不可能很深刻。只抓热点，会造成两种不利影响：一是如果高考时没碰上热点题，会感觉失落。二是过于功利的做法会让头脑膨胀发热，失去考前应该保持的冷静和理智，失去平稳的复习步骤。

（5）进一步向学生说明高考的命题特点。教师可以大胆地对学生说"这就是高考命题人员说的"，以增强学生的注意力。

（6）树立提高三五分的概念激励学生！

（7）不要被"临门一脚"的模拟考打乱了这10天的复习步调，不能像对待前几次模拟考那样对待这次考试。那样的话，会使学生的精神过度紧张，考完必须要放松调整身体！

No.45 最后阶段的每日安排表应如何制作?

E 的困惑

您之前提到的最后阶段每日安排表应怎样制作?

W 的解答

现在备考要求精细化,到了考前一周或者一个月,很多学校都会制订每日详细安排表,甚至有的学校会把一个学期或者学年每天的教学内容都提前编排出来发给学生。

能够制作每天安排细表,一方面,体现了教师备课团队对高考备考与教学的把握性,说明教师的胸有成竹;另一方面,能够给予学生信心,让他们相信,跟着这样的教师走肯定没错。

有人可能会问,提前安排了这么多内容,难道不用做改变和调整吗?我认为,恰恰是因为提前做了安排,如果在实施的过程中遇到变化需要调整,这样的调整会更加稳妥,不需要临时抱佛脚。

下面附上一份考前一月的时间安排表,以供参考。这只是安排表的其中一种格式,相信许多教师还有更精彩的版本,期待能够有机会看到。

有了详细的每日安排表,学生可以根据自己的能力提前完成学习任务,有利于学生自主安排学习时间。

除了教师给出学生详细的每日教学安排表,我们还可以引导学生做一系列细致的表格,如个人学科复习安排表、考试分项成绩登记表、知识错误分析表等。精细化的备考没有止境，我们永远在路上。

高三英语最后一月冲刺复习指南

日期	星期	课堂	词汇3600二次、三次复习、考前清扫安排	早读
5月5日	星期一	完形填空语法解题指导（高考真题）	《词汇3500》（1）a ~ angry	
5月6日	星期二	冲刺模拟测试（一）	《词汇3500》（2）animal ~ bathroom	课本模块一词汇＋写作背诵
5月7日	星期三	词汇《高考英语阅读××程》L1 ~ L14	《词汇3500》（3）bathtub ~ butterfly	
5月8日	星期四	评卷	《词汇3500》（4）button ~ coast	课本模块二词汇＋写作背诵
5月9日	星期五	作文指导＋句型背诵	《词汇3500》（5）coat ~ cycle	
5月10日	星期六	完形填空语法解题指导（高考真题）	《词汇3500》（6）cyclist ~ driver	课本模块三词汇＋写作背诵
5月11日	星期日	晚测：词汇《高考英语阅读××程》L15 ~ L28	《词汇3500》（7）drop ~ fare	
5月12日	星期一	完形填空语法解题指导（高考真题）	《词汇3500》（8）farm ~ giraffe	
5月13日	星期二	冲刺模拟测试（二）	《词汇3500》（9）girl ~ how	课本模块四词汇＋写作背诵
5月14日	星期三	词汇《高考英语阅读××程》L29 ~ L42	《词汇3500》（10）however ~ lazy	
5月15日	星期四	评卷	《词汇3500》（11）lead ~ minute	课本模块五词汇＋写作背诵
5月16日	星期五	作文指导＋句型背诵	《词汇3500》（12）mirror ~ opera	
5月17日	星期六	完形填空语法解题指导（高考真题）	《词汇3500》（13）operate ~ place	课本模块五词汇＋写作背诵
5月18日	星期日	晚测：词汇《高考英语阅读××程》L43 ~ L56	《词汇3500》（14）plain ~ quiet	
5月19日	星期一	完形填空语法解题指导（高考真题）	《词汇3500》（15）quilt ~ rude	

续　表

日期	星期	课堂	词汇3600二次、三次复习、考前清扫安排	早读
5月20日	星期二	冲刺模拟测试（三）	《词汇3500》（16）rugby ~ since	课本模块六词汇＋写作背诵
5月21日	星期三	词汇《高考英语阅读××程》L57~L70	《词汇3500》（17）sincerely ~ strait	
5月22日	星期四	评卷	《词汇3500》（18）strange ~ through	课本模块六词汇＋写作背诵
5月23日	星期五	作文指导＋句型背诵	《词汇3500》（19）those ~ user	
5月24日	星期六	自由复习	《词汇3500》（20）usual ~ zoom	课本模块七词汇＋写作背诵
5月25日	星期日	晚测：词汇《高考英语阅读××程》L71~L85	《词汇3500》（1）（2）	
5月26日	星期一	自由复习	《词汇3500》（3）（4）	
5月27日	星期二	自由复习	《词汇3500》（5）（6）	课本模块七词汇＋写作背诵
5月28日	星期三	校模	《词汇3500》（7）（8）	
5月29日	星期四	校模	《词汇3500》（9）（10）	课本模块八词汇＋写作背诵
5月30日	星期五	评讲	《词汇3500》（11）（12）	
5月31日	星期六	评讲	《词汇3500》（13）（14）	课本模块八词汇＋写作背诵
6月1日	星期日	点拨课/自主复习	《词汇3500》（15）（16）	
6月2日	星期一	点拨课/自主复习	《词汇3500》（17）（18）	
6月3日	星期二	点拨课/自主复习	《词汇3500》（19）（20）	课本模块1~4考前清扫＋写作材料
6月4日	星期三	点拨课/自主复习	词汇3500考前清扫1	
6月5日	星期四	高考准备	词汇3500考前清扫2	课本模块5~8考前清扫＋写作材料

No.46　普通高中如何与义务教育课程衔接？

？Ⓔ的困惑

很多学生刚从初中升到高一，还不能适应高中的学习进度。另外，在检测时我们也发现，学生初中知识的忘记率极高。怎样才能有效地做好初高中的教学衔接呢？

Ⓦ的解答

是的，初高中教学衔接很有必要，做好衔接的重要性就无须多提了，从现在社会上流行的幼小衔接、小初衔接等都可以看出。

其实《新课标》也很重视初高中的衔接，正如其在第54页指出的：

> 必修课程还要做好与初中教学的衔接，要特别关注那些英语学习基础薄弱的学生。教师应根据学生的实际水平，扎实地做好补习工作，帮助这些学生认读和理解基础词汇、句子和课文，帮助他们多朗读文章中的重点短语、句子和段落，尽量使用教材中的短语和句子尝试说英语和写英语，适当补充适合的听读材料，增加学生的语言体验。

另外，在对语音知识、词汇知识、语法知识等课程内容进行描述时，《新课标》也注意提及"学生在义务教育阶段已经获得了……知识"。这就意味着，高中的知识承接着初中的知识，如果学生对初中的知识掌握得不好，学习高中的知识就会有困难。这种情况下，学生应该适当地补学初中的部分知识。

很多学生并不是忘记了初中的内容，而是初中时根本就没有学会；另外，又有相当一部分学生是用突击应付考试的方法学会的，中考后不久就忘记了。

我认为，初高中衔接应该做好以下几方面的教学内容。

1. 语音衔接

教师应该让学生掌握最基础的48个音标的读音，以及字母的发音规则，具备根据音标拼读单音节及多音节词汇的能力。这样，就为学生在高中阶段进一步学习重音、语调、节奏、停顿、连读、爆破、同化等语音知识打下了基础。

2. 词汇衔接

词汇的衔接就是把初中要求掌握的词汇再学习好。教师可以根据本校学生的特点，从初中词汇表中选出学生需要学习的单词，以缩小学生学习的范围。在学习高中课文时，提供高中词汇以外的词汇帮助，并且要求学生学习过关，是持续做好词汇衔接的好方法。

3. 语法衔接

教师可以帮助学生再次巩固词类、句子种类、简单句的基本类型、动词的基本时态等基础语法。

4. 语篇衔接

让学生多接触语篇，可以综合性地帮助学生掌握语音、词汇和语法知识，增强语感。在此，推荐《新概念英语》第二册的语篇。另外，教师也可以选用部分初中教材的语篇让学生复习或者重新学习。毕竟，初中的语篇有的学生也没能达到我们精读学习的要求。

可以根据学生的水平，留出2~4个星期的时间让学生巩固初高中知识。之后可根据需要，每节课留出10分钟或用课后学习指引及练习作业引领的办法让学生巩固初高中知识。在进行初高中知识衔接的几周内，也可以兼顾高中新知识的讲授。例如，用高中第一单元的词汇来练习语音，用高中第一单元的课文练习朗读等。高一第一册的教材本身也会安排一些复习初中知识的内容。

具体需要多长时间进行知识衔接，需要学习哪些内容，应根据本校学生的实际情况而定，要以学生实际能掌握的衔接内容为标准。

No.47 可以组织哪些学生竞赛？

❓ Ⓔ的困惑

学科的竞赛可以增进学生学习英语的兴趣，平时可以开展哪些学科竞赛活动呢？

Ⓦ的解答

在教学实践中，我非常注重利用各种竞赛来激发学生的学习动力。可以开展的竞赛有：

（1）英文歌曲比赛。

（2）电影配音比赛。

（3）英文趣味知识竞赛。

（4）外国文化知识竞赛。

（5）英文朗读比赛。

（6）英文讲故事比赛。

（7）英文演讲比赛。

（8）英文情境短剧比赛。

（9）英文词汇比赛。

（10）英文阅读能力竞赛。

（11）英文读写能力大赛。

（12）英文书写比赛。

（13）英文报纸设计比赛。

…… ……

学科组可以考虑不同竞赛的性质，统筹高中三年学生开展的竞赛活动，评比出个人奖和班级团体奖，并对先进个人和先进班级进行奖励。奖励可以是物质的，也可以是其他方式的。例如，我们在书写比赛中采用的一种奖励形式是获奖的学生在日后可以免除书写作业。

以下是我尝试的竞赛安排，可供教师参考。

年级学期	竞赛内容
高一上学期	英文歌曲比赛； 英文趣味知识竞赛； 英文书写比赛
高一下学期	电影配音比赛； 外国文化知识竞赛； 英文报纸设计比赛
高二上学期	英文口语比赛（朗读+讲故事）； 英文词汇比赛
高二下学期	英文演讲比赛； 英文情境短剧比赛； 英文阅读比赛
高三上学期	英文书写比赛； 英文读写能力大赛
高三下学期	英文书写比赛

当然，组织竞赛需要花费人力、物力，但是不付出又哪能取得好成绩呢？其实，经过尝试，只要做好统筹计划，只要备课组和班级教师能配合好，组织这些竞赛的工作量并没有想象中的大。如果同一个学期有多项比赛，班级也可以分批安排学生参加。

No.48　课文精读学习有何要求?

❓ Ⓔ 的困惑

大学英语专业课程分为精读课、泛读课等,我们也知道外语学习需要精学,但是在平时却发现不少学生对课文还一知半解,朗读起来也不流利。怎样才能让学生对课文的学习更加精细呢?

Ⓦ 的解答

现在教师的教学和学生的学习,的确对精读重视不够,正如我在《轻松过关·全国高考英语基础复习与能力提升(高三一轮复习书)》的前言上所写的:一些高三学生对课本的知识仍不熟悉,课本词汇记不牢,课文朗读不够准确流利,更难以利用所学的知识进行写作或者口头表达自己的观点。

我认为,高考英语精读教学是指对阅读篇章精细的教学,包含语音、词汇、语法等知识的教学,以及背景知识、口头表达和阅读技巧的训练,从而为英语的听、说、读、写综合能力打下基础。精读材料通常是学校统一规定的教科书,或者是教师增加的辅助教材,这些教材的阅读文章通常是小短文。教师可以补充本校使用版本的教科书以外的一些其他出版社出版的高中教科书和《新概念英语》等作为第二教材。

当然,正如《新课标》所提到的,在这个过程中,我们应该在一定的主题语境中,发展上述所提的学生的语言知识和语言技能,以及学生的语篇类型知识、文化知识和学习策略。语言知识和语言技能是外语课的核心要素,其他的我就不在这里赘述了。

既然是对阅读篇章的精细学习，在教学中，教师应该引导学生达到以下要求：

（1）语音方面：要能准确掌握词汇的读音。

（2）词汇方面：要能够掌握词汇的用法，对常用词汇能够拼写。

（3）语法方面：要能理解和运用课文出现的语法知识。

（4）读方面：要能看懂文章，并能把文章翻译成基本通顺的中文。

（5）听方面：要能听懂课文的句子，并口头复述出来。

（6）写方面：要能利用课文所学的语言点进行造句，能翻译与课文内容高度相似的短文，能就课文相关的话题进行写作。

（7）说方面；要能准确流利地朗读课文，能复述课文的全部或者部分内容，能就课文相关的话题进行口头表达。

需要注意的是，教师的教和学生的学的时间就这么多，这就需要教师根据外语学习的规律，把握好精读与泛读的比例关系。当然，现在很多学生所进行的也不是泛读学习，而是应试的试题练习，这种"伪泛读"的比例就更应该减少了。

No.49 如何做好音标过关?

❓ Ⓔ的困惑

可以看出来,您对课文精读学习的语音、词汇、语法,以及听、说、读、写等技能的要求很扎实,能否给我们详细地讲一讲如何操作?

Ⓦ的解答

好的,下面我就详细讲一下我在教学和备课组教学规划中是如何细化各项学习任务的。这一节先谈一谈音标教学吧。

要想学生语音过关,音标教学很重要。学会音标,自主拼读单词是外语学习至关重要的一环。会拼读单词可以根据词汇的发音和音节记忆词汇,提高词汇学习的效率。在高中之前的教学,音标不是必须要掌握的内容。因此,很多学生上高中前并没有掌握音标。以下是我们在教学过程中帮助学生音标过关的一些做法。

1. 利用高一入学的头两周教授音标

我发现,学生对音标学习的主要困难在于记不住音标。因此,教师应该花时间与学生一起重复学习如何记忆音标。可用两周的时间,每节课花10分钟,帮助学生把48个音标记忆好。

2. 在新词朗读中练习用音标拼读单词

在新单词的教学中,教师可以让学生拼读单词,在学生有困难的时候给学生提供帮助。

3. 教会学生分清轻重音的读法

和外国人学中文时难以分清中文的四个声调一样，中国学生学习英文在单词拼读时，对轻重音的把握也有较大的困难。教师可以把英语的一个音节发音模拟成中文的四个声调，让学生感受哪个重、哪个轻。

4. 对个别学困生进行专门辅导

利用辅导的时间对学生进行个别辅导是帮助学生掌握音标的良好途径。学生在教师的单独辅导过程中感受到教师的督促与关爱，学习的积极性也会有所提高。

5. 逐个考查学生的过关情况

教师可以把音标的朗读加入平时的考试，在考试中留出10分的分值作为音标朗读的分数，在笔试考试前对学生进行考查。

6. 在笔试测试中加入音标内容的考查

为了操作的方便，教师可以在笔试考查中加入音标的考查内容。以下是可以尝试的题型：

（1）给单词选择正确的音标。（略）

（2）根据音标写出单词。

/kəmˈpleɪn/＿＿＿＿＿＿＿＿　　　　　　　/swɪtʃ/＿＿＿＿＿＿＿＿

/ˈpeɪpəwɜːk/＿＿＿＿＿＿＿＿　　　　　　/ˈdɒkjumənt/＿＿＿＿＿＿＿＿

/ˈmɪdnaɪt/＿＿＿＿＿＿＿＿

（3）写出单词的音标。（这个题目比较难，因此应该选择较简单的单词，或者在考试前指定较小的考查范围。）

province＿＿＿＿＿＿＿＿　　　　　　flight ＿＿＿＿＿＿＿＿

gravity ＿＿＿＿＿＿＿＿　　　　　　reporter＿＿＿＿＿＿＿＿

wave ＿＿＿＿＿＿＿＿

（4）单个音标、音标词汇听写。（这看似是最笨的办法，但是却很有效。再重复我开头的一个观点：根据我的教学经验，学生不会读单词，70%的情况是因为不认得单个的音标，而不是不懂得如何把音标组合起来拼读。）

No.50 **如何帮助学生精学课文词汇？**

? E的困惑

您音标教学的操作方法非常实用，是不是接着给我们介绍一下其他方面的操作呢？

W的解答

好的，下面我就详细讲一下我在个人教学和备课组教学规划中处理精读课文词汇的做法。

1. 给学生提供词汇帮助

学生在阅读课文中遇到的最大困难是词汇。因为学生的学习情况差异较大，学生对小学和初中学习过的词汇遗忘率较高。因此，在高中的课文中，尽管学生有了词汇表的帮助，但是在课文中仍会遇到不少学过的"新单词"。教师可以把课文中词汇表以外的、学生之前学过的，而学生又有可能忘记的单词提供给学生，帮助他们减轻学习负担。例如，在北师大版《高中英语必修1》Unit 3 Celebration Lesson 1 Festivals中，可以列出以下词汇表以外的单词给学生。

fall /fɔ:l / *v.* 适逢（一日期）；发生

bright /braɪt/ *adj.* 明亮的

special /'speʃl/ *adj.* 特殊的

including /ɪn'klu:dɪŋ/ *prep.* 包含，包括

fruit /fru:t/ *n.* 水果

chocolate / 'tʃɒklət/ *n.* 巧克力

mark /mɑ:k/ *v.* 标志

over/'əʊvə/ *prep.* 统治，控制，支配

god /gɒd/ *n.* 神

fool /fu:l/ *v.* 愚弄

etc. （=Et cetera）/ˌɪt'setərə/ *abbr.* 等等

candle /'kændl/ *n.* 蜡烛

shape /ʃeɪp/ *n.* 形状，体型

size /saɪz/ *n.* 大小，尺码

beginning /bɪ'gɪnɪŋ/ *n.* 开始

organise /'ɔ:gənaɪz/ *v.* 组织

recent /'ri:snt/ *adj.* 近来的

culture /'kʌltʃə/ *n.* 文化

fun /fʌn/ *n.* 乐趣

fresh /freʃ/ *adj.* 新鲜的

bamboo /bæm'bu:/ *n.* 竹子

leaves /li:vz/（leaf的复数形式）*n.* 叶子

2. 挖掘词汇转换练习

教师可以把教材里每课可找到的词类转换整理出来给学生练习；在不同的课文中遇到相同的词汇，也可以总结其应用语境，帮助学生加深印象。练习一个阶段后，教师可以将之前练习过的内容进行综合整理，总结一些词类转化的规律。例如，在北师大版《高中英语必修1》Unit 3 Celebration Lesson 1 Festivals中，我就整理出以下的词类转化练习。

（1）celebrate（*v.*）_____（*n.*）

（2）destroy（*v.*）_____（*n.*）

（3）decorate（*v.*）_____（*n.*）

（4）organize（*v.*）_____（*n.*）

（5）serve（*v.*）_____（*n.*）

（6）dark（*adj.*）_____（*n.*）

（7）important（*adj.*）＿＿＿＿＿＿（*n.*）

（8）different（*adj.*）＿＿＿＿＿＿（*n.*）＿＿＿＿＿＿（*adv.*）

（9）occasion（*n.*）＿＿＿＿＿＿（*adj.*）＿＿＿＿＿＿（*adv.*）

（10）tradition（*n.*）＿＿＿＿＿＿（*adj.*）＿＿＿＿＿＿（*adv.*）

（11）power（*n.*）＿＿＿＿＿＿（*adj.*）

（12）fool（*v.*）＿＿＿＿＿＿（*adj.*）

（13）culture（*n.*）＿＿＿＿＿＿（*adj.*）

（14）light（*n.*）＿＿＿＿＿＿（*v.*）

答案：

（1）celebration

（2）destruction

（3）decoration

（4）organization

（5）service

（6）darkness

（7）importance

（8）difference；differently

（9）occasional；occasionally

（10）traditional；traditionally

（11）powerful

（12）foolish

（13）cultural

（14）lighten

3. 拓展词块学习

教师可以把一些常见的语言搭配一并列出，为学生学习词汇提供更加丰富和真实的语境，提高学生的学习效率。例如，在北师大版《高中英语必修1》Unit 3 Celebration Lesson 1 Festivals 中，教师可以把以下的多词短语提供给学生做整体学习。

the Mid-Autumn Festival　中秋节

all over the world　全世界

be said to　据说

the biggest and brightest　最大且最圆

watch the moon　赏月

a special occasion for family　家人（团聚）的特殊场合

be made with bean paste　用豆馅做

fall on the fifteenth day of the first lunar month　在农历一月十五日

the end of the Chinese New Year celebrations　中国新年庆祝的结束

burn down the town　烧毁这个城镇

be decorated with pictures　用图画来装饰

be made with light bulbs and batteries　用灯泡和电池作成

be boiled and served in hot water　用水煮，随汤一起吃

the Dragon Boat Festival　端午节

take part in the races　参加比赛

enjoy the fun　享受乐趣

sticky rice in fresh bamboo leaves　包裹在新鲜竹叶里的糯米

4. 快速记忆单词练习

学生经常抱怨词汇难记，教师可以通过词汇快速记忆练习来打消学生的一些恐惧心理。在学生掌握音标及能够利用音节记单词后，在教师教授完新课单词、检查过学生对基本单词的朗读后，教师可以让学生挑战用10秒钟记住一个单词。方法是：教师选定一个单词，倒数10秒，时间到了之后，让学生说出单词的拼写。课堂实践证明，多数中等水平的学生都可以做到这一点。这样教师就可以给学生说明一个道理：单词并不难记，我们也并不是缺少记忆的方法，难的是单词记住后如何把单词记牢。这就需要我们经常重复记忆。记住又忘记这是正常的，利用记忆规律重复记忆，抵抗遗忘，这才是学习单词的王道。

5. 循环滚动检测词汇

"考考考，老师的法宝；分分分，学生的命根"。检测可以为学生的学习提供动力，教而不测效果会大打折扣。详细的词汇过关检测方法将在下一篇介绍。

No.51 语法学习有哪几种途径?

❓Ⓔ的困惑

那么,在精读课文中,语法学习又应该达到什么要求呢?

Ⓦ的解答

在回答你这个问题前,我先来谈谈我对语法学习的观点。

我们有一段时间对语法教学出现了"纠枉过正"的问题,认为语法教学不重要。现在,大家对语法教学有了比较理性的认识,都认为语法是形式、意义和使用的三个维度的统一。之前过度强调形式的语法教学或者完全忽视语法的做法自然应该摒弃,而应强调"形式、意义、使用"三位一体的语法学习方法。

在语法教学的方法上,教师应该减少讲述语法规则的课程比例,而应增加含有某些语法现象的、语言地道的文段让学生去体验语言现象、形成语感的课程比例。

现在高中语法教学中另外一个比较突出的问题就是语法教学缺乏系统性,因此我提出"三管齐下"的语法立体学习法。

第一种途径就是刚才说到的"语法体验",即让学生通过对语篇的朗诵和阅读,积累对语法现象的意识和感觉。

第二种途径就是教科书上的语法项目教学。教科书上的语法教学有其自身的优势:一是语法现象有语篇作为依托;二是遵循循序渐进的规律;三是练习的形式多样。在此特别强调一下,在教学中,有人淡化课本的语法练习,认为课本的语法练习跟高考的相关语法考题形式不一样。其实课本的语法练习题目是非常好的，能帮助学生真正掌握语法，而真正掌握好语法后，高考的语法应试也就可以过关了。

我认为教科书的语法唯一的缺点是比较零碎，一个语法现象可能会分几个单元，而且这几个单元可能会跨学期，甚至跨越初高中学段。这样，学生就不能对一个语法项目有连续的、系统的学习。我认为，高中生是具备相应的认知能力对语法规则知识进行系统综合学习的。

鉴于上述思考，我建议的第三种语法学习途径是系统学习。系统学习可以让学生学习一本专门的高中语法书，或者让学生学习一本高中综合辅导书的系统语法。当学生在教科书中学习完某个语法项目或者学习了其中大部分内容后，教师就可以让学生把该语法项目的所有知识综合起来学习。可是，在实际教学中，难以让所有的学生统一购置同一本语法书进行学习，而学生一般是到了高三才会订一本含有综合语法专题的高考复习书，这就给教师系统教学语法带来了困难。

正是出于这些考虑，我前些年才策划主编了一本辅导书，把课文的同步辅导和语法系统讲解安排在同一本书里，既可让学生在高一、高二同步学习时使用，又可让学生用作高三的复习书，这样，学生在高一、高二学段也能够系统地接受语法的学习了。

总而言之，我认为高中语法应该坚持"语篇体验、课本同步学习、语法系统学习"三种途径。

No.52 如何精学课文中的语法?

？ Ｅ 的困惑

如果学生可以"三管齐下"地学习语法,那么效果肯定也会很不错了。您接下来可以谈谈如何处理课文中的语法学习吗?

Ｗ 的解答

在处理课文中的语法时,我比较注重从教材中提取含有该语法现象的语言,让学生朗读、背诵、体验。我会从整个教材的语料库中检索提取出含有统一语法现象的句子。因此,搜索到的例句并不限制在本课或者本单元。这样,学生在整个高中阶段不断接触教材的过程中,就能够反复接触这些语言,达到很好的重现效果。另外,用学生熟悉的语言作为语法学习的例句,能够让学生更快地唤醒记忆,从而提高学生语法学习的效率。

另外,我们要用好教科书上的语法学习任务或者练习。教师可以把这些练习或者任务稍加改编,使其和学生的实际生活更加贴近,这样效果可能更佳。下面我以人教版《高中英语必修3》Unit 5 Canada—The True North为例,主要谈谈我对课文中语法的其他改编应用。

一、单句改错题

1. The thought they can cross the whole continent was exciting.

2. You will pass mountains and thousand of lakes and forests.

3. It is such wet there that the trees are extremely tall.

4. Rather than take the aeroplane all a way, they decided to fly to Vancouver.

5. After two day travel, the girls began to realize that Canada is quite empty.

6. Over dinner at a restaurant calling The Pink Pearl, the cousins chatted with Li Fei.

7. It's too bad you can't go far as Ottawa.

8. Canada's population is slight over thirty million.

9. Around noon they arrived in Toronto, the biggest and most wealth city in Canada.

10. The water flow into the Niagara River.

参考答案：

1. thought 后加 that   2. thousand 改为 thousands

3. such 改为 so   4. a 改为 the

5. day 改为 days'   6. calling 改为 called

7. go 后面加 as   8. slight 改为 slightly

9. wealth 改为 wealthy   10. flow 改为 flows

二、语法填空题

My cousin and I took a train ___1___ Canada from west to east. We started our journey in Vancouver, the ___2___ （warm）part of Canada. It is ___3___ （surround）by mountains and the Pacific Ocean. We enjoyed some beautiful scenery and wild animals ___4___ the way. When we ___5___ （pass）through the Rocky Mountains, we caught sight of a grizzly bear and some mountain goats. The first stop was Calgary, which is famous for the Calgary Stampede. Then we arrived in the city of Thunder Bay. It is ___6___ port in the centre of Canada. When we were in Toronto, we went up the CN tower and saw the ___7___ （mist）cloud that rose from the great Niagara Falls. After we reached Montreal, we were surprised to see that many signs and ads were in French. We went downtown to Old Montreal, ___8___ is surrounded by water. ___9___ （sit）in a typical cafe beside the St. Lawrence River, we spent the whole afternoon chatting happily there. In the evening, we went shopping and visited the artists in their working places. How interesting the journey was! The journey that we traveled in Canada made a deep ___10___ （impress）on us.

参考答案：

1. across   2. warmest   3. surrounded

4. on   5. passed   6. a

7. misty   8. which   9. Sitting

10. impression

这些题目与高考题型更加接近，可以与课本的练习达到互补的目的。

当然，这里谈到的仅仅是很常规的一些练习改编。至于在歌曲中学语法、在主题活动中学语法等方法，以后有机会再做进一步的交流。

No.53 精读课文的朗读要达到什么要求?

❓ Ⓔ 的困惑

我认为,学习外语离不了"开口",但是事实上学生口头运用的机会较少,做口头模拟练习的热情也不高,那么如何让学生愿意开口朗读和背诵呢?您对朗读和背诵有没有一些具体的要求和标准呢?

Ⓦ 的解答

要落实《新课标》所要求的语音知识内容,课文是极好的材料。语音知识包括重音、语调、节奏、停顿、连读、爆破、同化等,当然,还少不了把最基础的发音读准确。

在教学中,我们通常会犯的一个毛病就是"舍近求远"。教科书已经有许多语篇,且这些语篇学生还不能朗读过关,我们却放松对课文语篇的学习,为学生找其他的辅导材料。这样做,只能事倍功半。语言的学习需要让学生有机会重复。学生只有通过无数的重复,达到脱口而出的熟练程度,才能提高语言运用的自动化水平,积累学习语言的信心。

我自己在教学操作中就强调突出课文朗读的要求。对于每一篇课文,我都给出了具体的朗读流利度标准,即学生需要在多长时间内朗读完。我规定与课文录音一样的时间,为三星级的合格标准;大约是录音朗读时间的80%的时间,为五星级标准。另外,我还在每篇课文中精选一个段落,具体地教学生如何朗读。最后,再让学生把本段落背诵下来。这就是"模仿朗读"和"挑战背诵"

两个课堂环节。

以下是我对北师大版《高中英语必修1》Unit 3 Celebration中几篇短文的朗读要求。

朗诵过关

◎ **课文朗读**

短文A朗读要求

合格标准	标准	自查	小组长查	教师评
3星	40"			
5星	30"			

短文B朗读要求

合格标准	标准	自查	小组长查	教师评
3星	1'00"			
5星	48"			

短文C朗读要求

合格标准	标准	自查	小组长查	教师评
3星	38"			
5星	30"			

◎ **模仿朗读**

Every year in September or October, the Mid-Autumn Festival is celebrated by the Chinese people all over the world. On this day, the moon is said to be the biggest and brightest. People like to meet in the evening and watch the moon.

◎ **挑战背诵**

用时_____ 自查_____ 小组长_____

Every year in September or October, _____.
On this day,_____. People_____.

我在2011年教了一个学生，他很好地把我的朗读背诵要求落实了。高一一个学期过去，该学生的英语成绩从班上的倒数到了前列。他能把每篇课文在读得准确的前提下，读得非常流利，而且速度比我还快！其实，我就是这样学英语的，相当成功，难道你不想试试？

如果一名学生连课文都不能流利、准确地朗读出来，他/她能运用本课的知识进行口头或书面表达吗？他/她能运用外语进行有效的批判性思维吗？他/她能进行有效的主题意义探索吗？

No.54 精读课文的听力要达到什么要求？

E的困惑

为了拒绝"哑巴英语"，听力的能力是基础。如果听不懂，就无法进行交际了。我想您在课文教学中对学生听的能力也是非常重视的，能否和我们分享一下？

W的解答

不错，我认为精读一篇课文就是要在听、说、读、看、写、译等方面全面过关，把一个好的语篇能够为我们提供的养分充分吸收。对于听力方面，我有以下的操作方式。

1. 常规的听力中理解并获取信息

我们在教科书或者其他的学习辅导书中常见回答问题、判断对错、表格填空等题型。能够完成这些题，我觉得仅是比较基础的一步，要想达到真正的听力理解，还要做得更多。

2. 课文的听读训练

能够完全听懂课文，应该达到这样的水平：录音读完一句话后，录音停顿，然后你可以重复出来。我们可以根据学生的实际水平，设置不同长度的内容让学生进行听读训练。

最高水平的听力就是能够进行"同声传递"了，也就是录音在读，不停顿，学生可以把录音的内容复述出来。其实，这就是"同声传译"的基础，如果我们不能够把同一语言同声传递，则根本不可能进行同声传译了。我并不是说要以同声传译的标准来训练我们的学生，而是说同声传译这种最高境界的外语水平都需要这样的基础，我们用这样的方法来训练学生应该没错。

3. 课文的听写练习

说起听写，教师可能就想到单词听写。其实，进行句子、短文、篇章的听写训练，更加能够训练学生的语言能力。我在教学中就把每篇课文找出重点段落给学生进行听写练习。起初，为了降低难度，可以进行"听写填词"或"补全句子"的练习，不要求学生写整句。

🗨️ 听写过关

◎ **听写填词**

The Lantern Festival ___1___ the fifteenth day of the first ___2___ It marks the end of the Chinese New Year ___3___ There are many stories about how the Lantern Festival started. In one story, lanterns were lit to celebrate the power of light over ___4___ In another story, a town was almost ___5___ but the light from many lanterns ___6___ . The story was about a god who wanted to ___7___ the town. He ___8___ when he saw ___9___ lanterns. He ___10___ the town was already burning.

◎ **补全句子**

The Dragon Boat Festival falls on___1___. As it is in early summer, it marks ___2___.

___3___ more than 2,000 years ago. In the old days, ___4___ only by Chinese people. However, in recent years, ___5___ and enjoyed the fun.

我在广东外国语师范学校（现名广东外语艺术职业学院）接受外语训练时，其中一项常规的训练内容就是短文听写，这也是考试的必考题型。华南师范大学徐曼菲教授在教授视听说课程时，也要求我们英语专业的大学生把视听材料尽量听写下来，还建议我们自主进行新闻英语听写，等等。这些都是英语专业人员普遍要进行的、看似非常"低级别"的训练方法。但是，试问我们连"低级别"的训练都做不好，还能做什么"高级别"的训练呢？

No.55 精读课文产出性表达有什么要求?

❓Ｅ的困惑

那么，精读课文在写作、口语表达上该如何充分利用，应该达到什么要求呢?

👨‍🔬Ｗ的解答

我认为，对于大部分普通学生而言，要想产出性的练习有效，必须做好充分的学习铺垫，包括词汇、语法、理解、朗读、背诵等。再次强调，必须充分。不是有了这个教学步骤就可以了，而是要以学生是否掌握、是否能为产出性的训练储备足够的语言基础为标准。从我对许多课堂的观察来看，绝大多数的课堂节奏都太快、太急，在学生的基础性知识还没有熟练掌握时就进入产出训练或者更高层次的思维训练了。

在经过阅读理解、词汇、语音、朗读等步骤后，我还让学生进行重点词语的语言点学习（包含查词典）、重点句型学习、长难句的理解和翻译、用语言点造句、用语言点造句成篇等练习。之后，我还让学生做由每篇课文改编的篇章语法填空练习和语篇填空练习，最后才进入产出性训练。

如果课文语篇不能够引出符合学生水平的写作话题，我会以课文为依据，选用里面的许多重点语言，写一篇中文短文，让学生翻译。

在进行口语产出训练时，应该给予充足的时间让学生去准备，并统一指引学生进行模拟演练。模拟演练一次其实是不够的，我们自己去准备一个发言或者一次小演讲就知道了。正因为如此，才有学者提出"4321"的训练模式，也就是连续四次训练。第一次学生运用语言会不太流利，用时也会比较多，比如，说4分钟；接着，会一次比一次流利，用时也会越来越少。

📖 **语篇过关**

语法填空和语篇填空示例：

◎ **语法填空**

The Dragon Boat Festival falls ___1___ the fifth day of the fifth month of the lunar year. ___2___ it is in early summer, it marks the beginning of the ___3___ （hot）season of the year.

The tradition ___4___ the Dragon Boat Festival started more than 2,000 years ago. In the old days, dragon boat races ___5___ （organise）only by Chinese people. However, in recent years, people from ___6___ cultures have also taken part ___7___ the races and enjoyed the fun.

There is ___8___ special food for the festival. ___9___ is called Zongzi, ___10___ is sticky rice in fresh bamboo leaves.

◎ **篇章填空**

Every year in September or October, ___1___ （中秋节）is celebrated by the Chinese people ___2___ （全世界）. On this day, the moon ___3___ （据说是）the biggest and ___4___ （最亮的）. People like to meet in the evening and ___5___ （赏月）.

The Mid-Autumn Festival is important because it is a special ___6___ （场合）for family. It is also a day for special foods like ___7___ （月饼）. There are all kinds of moon cakes. ___8___ （传统的）moon cakes are usually made with bean paste, but ___9___ （现今）, there are many different kinds of moon cakes ___10___ （包括）fruit moon cakes, coffee moon cakes, chocolate moon cakes and even ice-cream moon cakes.

产出性训练题目示例：

◎ **话题作文**

请根据以下要点，用英文介绍中国的春节。（词数约120）

（1）概括介绍中国的春节（如从时间、传统活动等方面进行介绍）；

（2）现在人们庆祝春节的方式和过去有何不同？

（3）造成这种变化的原因是什么？

◎ **口语任务**

（1）List as many festivals as possible, and tell your classmates the dates of the festivals.

（2）How do you usually spend the Spring Festival?

No.56 上阅读课应该预习吗?

❓Ⓔ的困惑

一般来说,阅读课有预设的读前问题,如让学生根据题目或配图预测课文的主题内容;读中又有略读和跳读的环节,如让学生做找出文中的主题、细节信息以及猜测词义的练习。学生能够提前预习吗?

Ⓦ的解答

我们在学习教学法时,的确学习了一些阅读课教学的一般步骤,而且上面提到的阅读环节也的确要求学生之前没有接触阅读材料。另外,师生也希望通过多设置与高考阅读题一样的问题,来提高学生的应试成绩。

我对这个问题是这样看的。

1. 区分精读课与泛读课

泛读课堂上,学生阅读短文,完成一定的练习题,教师进行点评后就完成了课堂教学。课后,学生再进行二次或者三次阅读。如果是这样的泛读课,学生没有必要预习文章。但是,教材上的课文大多是精读课文,精读课文讲授的侧重点就应该在词、音、语法等语言知识方面,要求学生对语义和文章思想有深层理解,诵读文章以培养语感。

2. 不必每节课都进行阅读技巧的训练

根据标题或者配图预测课文主要内容以及猜词等阅读技巧的训练,并不需要每一篇阅读文章都进行。某一类的技巧训练进行少则三五次、多则十次八次，我想学生总能掌握其方法了。试想在初中和高中教材上至少有一百多篇精读文章，完全没有必要每篇文章都设计阅读技巧方面的训练。

3. 预习有个新潮的称呼

预习是一件古老的事情，但是很多新的方法不就是在古老的"预习"中发展、改良的吗？"先学后教"中的先学不就是让学生预习吗？只不过是让学生进行更深度的预习，或是自主学习，更新一点的称谓就是"翻转课堂"了。因此，不要认为预习是古老的、陈旧的事物，其实它与最新的教学理念是完全一致的。

4. 预习后学生可更好地吸收教师的讲授

如果学生预习好了，在课堂上就能很好地跟着教师的思路走，一节课40分钟转眼就过去了；如果没有预习，对上课的内容不熟悉，则思维的负担和压力就会比较大，容易走神，甚至瞌睡。

5. 预习后可以更好地做提升活动

阅读课上，教师通常的环节是引入—预测—跳读—略读—讨论。我们通常可以看到，学生在产出性的任务中，易因学习准备不够充分而不能较好地完成。如果学生提前进行了充分的预习，把课堂上一些能够自行完成的简单阅读任务在课前自行完成，教师在课堂上就能够帮助学生更好地做好产出性活动前语言输入和熟练的准备工作，或者设计一些高级的思维性问题给学生思考。

6. 学生预习后会对教师提出更高的要求

一般一些教师的阅读课在几分钟的引入后，再进行几个简单的任务，如 "Read the text quickly and choose the best title/Match the subtitle with each paragraph" "Read the text carefully and fill in the table/Answer the questions"，半节课就过去了。然后教师再设计一两个写作或口语讨论之类的产出性任务，教完课文的语言点，基本就快下课了。如果学生把那些基本的任务课前自己已经完成了，就会对教师的课堂期望更高，就需要教师准备更多的"养料"。

总之，我认为，在高中精读课文教学中，应该让学生进行充分的预习。

No.57 如何用"技巧地图"帮助学生提高解题能力?

🤔 E 的困惑

学生反映对阅读理解的某一类题,如写作目的题、选择文章标题的题及词义猜测题特别没把握,有没有什么办法帮助学生提高解答这类题的正确率呢?

🕵 W 的解答

如果学生看懂了文章,其他类型的题会做,只有某些类型的题不会做,那就可以找来一批优质的同类型题目,在短时间内集中训练,遇到不懂的问题再具体问题具体分析,如此便能较快改善。我在编写一部高考真题的阅读理解教学辅导书时,就采用了一个"阅读技巧地图"(附后)的方法,把学生困难较多的题目进行总结,让学生可以更加方便地找到多篇同类的题目学习。

关于对某项阅读题解题能力的培养,我表达以下的观点。

1. 理解是一切解题的基础

如果学生不懂单词意思,看不懂句子,寄希望于多做题提高解题技巧来拿分,这是投机取巧。学习没有捷径,必须牢固掌握每一个词、理解每一句话,才能学好。

2. 词汇是阻碍理解的最关键因素

教师在课堂上要和学生一起学习并记忆单词,而不仅是让学生课后背单词。

3. 不宜用孤立的文段来练习解题技巧

不少教师在教授解题技巧时，只把一篇阅读中的其中一个问题及与问题相关的几句话作为一个例子。这样的例子缺乏大的语境及主题意义，会造成学生阅读上的困难，不利于提高学生的综合阅读能力。下图是"阅读技巧地图"的展示。

一些学生在做阅读理解题时，可能会发现自己对某一类型的题目特别没有把握，错误率特别高。本书把学生常出错的一些题目类型挑选出来，让学生可以有针对性地去训练。学生既可将含有这些题目的编目集中攻关，也可在按照顺序完成本书后，把同类的题目找出来，对比分析，提高对难题的把握度。具体信息题因为每篇都有，就没有列出来。

前面的数字是篇目，后面的数字是题号。例如6-3，指Passage 6第3题。

（一）归纳文章主旨题	92-3	39-3	86-5
6-3	96-5	44-1	（七）观点态度题
23-4	100-5	51-1	5-3
31-4	（三）段落大意题	55-2	17-3
48-5	13-5	56-3	61-4
50-5	40-1	62-1	80-3
55-4	57-2	69-2	（八）篇章结构题
57-4	74-3	70-2	92-4
72-4	85-2	73-4	71-1
74-4	87-1	76-2	92-1
（二）确定文章标题	93-4	（六）推理判断题	45-4
3-4	（四）写作目的题	13-4	72-2
13-5	40-5	14-5	95-2
15-5	46-4	17-5	（九）代词指代题
16-5	53-5	19-5	10-4
36-5	63-4	24-2	23-1
39-5	85-4	29-2	40-2
47-4	94-4	34-4	87-2
51-5	95-4	43-3	（十）内容含义题
58-4	99-5	47-3	14-4
63-3	（五）词义猜测题	48-3	28-2
70-4	15-3	56-2	33-3
76-4	16-4	62-2	75-3
82-4	24-3	67-3	78-2
88-4	26-1	70-3	89-4
91-4	35-4	76-1	93-1

阅读技巧地图

No.58 怎样开展"我来带读"活动?

❓Ⓔ的困惑

在教学过程中,我感觉学生早读的积极性不高,对此,我在想有没有什么方法可以促进优秀学生的口语。不知道您有没有什么更好的方法?

Ⓦ的解答

提高学生早读积极性的方法有很多,这里我介绍一种叫"我来带读"的活动。

现在早读中涉及带读的环节一般是由录音或者教师带读。为了改变形式,让学生有新鲜感,我尝试了一种"我来带读"的活动,可以在全班或全级范围开展,主要是从由录音或者教师带读变成由优秀学生带读。在班级上开展相对比较容易,教师可以先指导科代表或者其他优秀学生,让他们把其中某一篇或者多篇课文进行模仿并熟练朗读,然后让他们代替录音或者教师,进行领读或者带读。我们还利用学校广播系统,选取全校部分优秀学生给全年级的学生带读。

首先,通过带读活动,学生能够训练自己的英语水平,因为要登上带读的舞台,学生需要在台下进行大量的训练,这个过程的收获是巨大的。其次,学生能够锻炼自己的勇气和信心,增强成就感。最后,可以发挥学生的榜样作用,带动其他学生的学习热情。但是,开展过程中也会出现学生的参与积极性不高的情况。这时,需要教师从小范围出发,先找几名积极的亲信学生,给予充分的个别辅导,让活动先开展起来,然后再让每个班推选代表在全级带读。

好的活动,不妨一试,遇到困难,想办法解决即可。

No.59 课前三分钟有哪些形式？

❓E的困惑

我们会让学生用课前的三分钟进行自我展示，但是一段时间后感觉形式比较单调，学生兴趣有所减弱。有没有办法更好地开展课前三分钟学生自我展示的活动呢？

W的解答

课前三分钟学生自我展示是锻炼学生口语和胆量的绝佳机会，哪怕在没有口语考试的时候，我也坚持把时间和舞台留给学生。

1. 个人展示

可以让学生进行下列形式的自我展示。

（1）自我介绍。可以在新组建的班级进行，每人进行1分钟的自我介绍，每节课3人，三周就可以让全班同学在讲台上露面了。这既是学生间互相熟悉的机会，又是教师了解学生的机会。了解了不同学生的学习特点，教师在今后的教学中能更有针对性地开展教学。

（2）脱稿讲故事、笑话等。鼓励学生加上肢体动作、表演、图片、课件等作为辅助。

（3）自选话题演讲。喜爱的人、看过的书、最爱看的电影、日常生活、假期生活、旅游经历……学生能想出比我们预想更多的话题。

（4）背诵课文。是的，没错，背诵课文。只要赋予足够的意义，任何单调的事情都会变得有趣。

（5）文化知识介绍。为学生提供开口说话和自我展示的机会，让他们对相关文化知识背景有更深的了解。

2. 小组表演

（1）让学生根据课文的话题，自行编写小剧本演出。可以让学生把记叙类文章的故事情节表演出来；讲文化冲突时，可以让学生表演一个场景，讲京剧时，可以让学生来一小段。

（2）分角色进行电影配音。

（3）分小组进行英文歌曲演唱。

（4）分角色表演采访对话。

3. 互 动

（1）台上的学生就相当于一个节目主持人，可以提出知识性的问题、谜语等，请台下的学生回答。

（2）台上的学生讲了一小段后，可以让台下的学生提出感兴趣的问题。为了避免"意外"，有些学生还会预先找好"托儿"。

（3）台上学生演讲后，可以提出一些相关的问题，让学生回答。和上一种形式合起来，就是广东省高考听说考试的"三问五答"了。无论是个人形式还是小组活动，教师通过评分、奖励等手段都可以增加学生的投入程度。

No.60 试题讲评课有哪些形式?

❓Ⓔ的困惑

在高三的教学中,会让学生做很多的试题,试题评讲也构成了高三课堂相当重要的一部分。但是,做题讲题常常会形式单一,有些枯燥。请问试题讲评有没有什么好的办法呢?

Ⓦ的解答

首先,我提一个建议:试题讲评一定要根据试题的难度系数来讲。一般注意两点:一是难度系数在0.8以上的题目不讲。因为班上只有20%的学生不懂,学生具备自我解决问题的能力,或者问一问同学就可以。二是太难,讲了也不明白的题目也不讲。

我尝试过的试题讲评方式如下。

1. 教师主导

教师主导的试题讲评也有很多可以做的事情:

(1)根据试题的难度数据找到学生错误的题目进行精准讲评。

(2)根据改卷的电子数据可以知道哪名学生某题错选了某个选项,从而精准地找到某名学生对出错的问题进行反思。

(3)用深厚的功底,有针对性地解决问题。

(4)找到试题内容和课文或者之前学过、讲过内容的关系,让学生意识到平时学习与考试之间的关系。

（5）通过一道试题，找同类的练习给学生巩固。

（6）对题目命制是否科学，是否符合高考命题标准和方向进行专业点评。

（7）遇到好的语篇，进行深度的讲解，不仅是当作一篇试题讲解。

（8）明确地告诉学生，哪些是不好的题，不用去分析。

2. 学生做小老师

教师的"一言堂"容易让学生疲倦，教师可以在班上培育几名优秀的"小老师"，给他们锻炼的机会，让他们代替教师评讲。这个培育的过程很讲艺术和方法，一旦成功，对学生和教师都有很大的好处。

3. 小组讨论

"小老师"讲题一段时间，可能又需要转换方式，可以采用小组讨论的方法。在讨论前，把得分率数据提供给学生，告诉学生得分率高的题目不必讨论，不明白可以课下再单独问。教师可以让不同的组讨论不同的题目，然后让小组代表进行汇报讲解。

4. 自我研讨

我始终认为，自学是构成学习中最主要的组成部分。如果能够潜下心来，自我分析，尝试解决问题，不明白再去请教老师，这样的试题反思会更有效。

5. 以学代讲

可以采用练习代替讲评。教师可以预设学生做错的原因，然后把这些知识分解、分阶梯给学生学习，最后学生会发现自己能够自己解决问题了！例如，教师可以先教授完形或者阅读部分出现的单词、短语、句法、背景知识等难点，然后再让学生自己看试题，对的确不能解决的问题再做讨论。

No.61 如何设计一个短期英语训练课程？

⁇ E 的困惑

学校打算组织一批优秀学生进行培优，要求每个学科派一位教师给学生上课，每科10课时。这10个课时可以教这部分学生什么内容呢？用什么材料合适？

W 的解答

我之前工作过的学校组织过一次"暑期突击班"，召集了一批高一升高二的优秀学生，在暑期进行为期两个星期的集训。

当时，我作为备课组长，很光荣地承担起了这项任务。我想，我遇到的困惑与小E老师差不多。面对这样一个班级，有三件事情需要考虑：学生、教材、教法。

学生来自全级各个班级，甚至还有几位闻风而至的其他学校的教职工子女。授课教师对学生不熟悉，学生对教师的期待也与平时不同。短短两个星期，12节课，不容许教师先慢慢了解，再进行协商调整，而且组织方也没有进行提前调查，了解学生的需求。因此，只能由我想象一下学生感兴趣的和对学生有帮助的内容了。

在教材的使用上，不可能使用他们现在的常规教材。一是这些学生对常规教材应该掌握得较好；二是如果现在用常规的教材，要么就是重复之前他们已经学习过的知识，要么就是教他们以后在常规课堂上会学的内容。另外，这么短的时间，也不可能组织学生购买其他的学习材料。因此，必须是教师自行找材料印刷给学生使用。

要想确定使用什么材料，首先就要想一下这个短期培训的目标。这次短期培训如果能够帮助学生掌握学习英语的正确方法，引导学生开拓英语学习的思路，就已经非常好了。当然，因为这些都是学校要培养的种子学生，而且还要与高考密切相关，因此必须满足学校和学生对分数追求的愿望，否则会说这位教师"不务正业"。因此，"课外学习材料""学习方法途径指引""高考应试技巧"这几点就构成了这次培训课程的主体框架。

在教学方法上，既不能像第二课堂那样，以培养学生兴趣、活跃课堂气氛为主，又不能像高考备考那样只求分数和应试。这次的短期培训需要的是两者的结合。

综上所述，在整体课程设计上，我计划以篇章为依托，选取一些思想性、趣味性较好的话题。其中，包含高考阅读理解、完形填空、语法填空题目，还有VOA慢速英语专题报道材料。高考阅读理解、完形填空、语法填空题目与高考完全相关。学生可以模拟高考做题，教师也可以点评解题方法，让学生明白高考的能力要求。同时，这些题目的篇章又是有意义的话题，教师可以设计简单的讨论话题和学生一起讨论，开拓学生的视野和思维。如VOA的材料，配合视频，就是非常好的语言练习材料，像"Comparing American and Chinese Parents""Girl's Suicide in US Brings Fresh Attention to Bullying""Sleepy teens，early classes：your comments"这些话题，都能激发学生对社会和生活的思考。

无论是VOA的材料，还是高考题目的篇章，我都引导学生反复诵读，用朗读来克服外语学习者语感不好的劣势。希望学生通过12节课程的学习，能够养成开口反复朗读的良好学习习惯。因此，我把这次课程的主题设定为"读以致胜"。以朗读为途径，以阅读为目的，因为在高考中"得阅读者得天下"。在课程计划书上，我加上了几句学习英语的醒目标语，希望能够给学生精神上的鼓励。

这就是我对这个课程的设计，大家会有什么设计呢？下图是我发给学生的课程计划。

主题：Read to Win! （读以致胜）

思路：以提高阅读能力为目的，以朗读为途径

目的：教会学生学习英语的正确方法

授课内容：

课时	内容	步骤
1	英语学习自由谈	讨论英语学习重要性、方法——学生交流
2	阅读理解	限时做题——词汇帮助检查——朗读、讨论、记忆
3	阅读理解	词汇学习——限时做题——朗读、讨论、记忆
4	阅读理解	词汇学习——限时做题——朗读、讨论、记忆
5	完形填空	限时做题——词汇帮助检查——朗读、讨论、记忆
6	完形填空	词汇学习——限时做题——朗读、讨论、记忆
7	完形填空	词汇学习——限时做题——朗读、讨论、记忆
8	语法填空	限时做题——词汇帮助检查——朗读、讨论、记忆
9	语法填空	词汇学习——限时做题——朗读、讨论、记忆
10	语法填空	词汇学习——限时做题——朗读、讨论、记忆
11	VOA慢速英语	课前词汇学习、朗读10遍——朗读、讨论、记忆
12	VOA慢速英语	课前词汇学习、朗读10遍——朗读、讨论、记忆
课程期间穿插英文歌曲、影视片段等材料辅助学习，安排好每节课的预习和作业		

课后作业：朗读上课所学文章10遍；预习第二天上课内容。

夏令营期间，VOA慢速英语两篇文章朗读30遍以上。

理清分数与学习的关系：提高分数不是学习外语的唯一目的。

分数是外语学习的副产品。

学习方法：学习外语的最好方法就是朗读—背诵—交流。

用嘴巴学外语！

找到适合自己的材料疯狂朗读！

重复是生命！

重复是抵抗遗忘的最好方法！

不要忽视坚持的力量！

高一暑期夏令营英语科计划

No.62 怎么给即将入学的新生布置暑假作业?

E 的困惑

现在的高考竞争越来越激烈,学校要求教师给即将入学的高一新生布置暑假作业,在学生进行新生注册的时候发给学生。既然学校有要求,就要做好。但是,给未入学的学生布置作业,我还真是"大姑娘坐花轿——头一回"。W老师,您有什么资料参考吗?

W 的解答

真凑巧,我还真布置过这类新生的暑假作业。

我们先不讨论高考的竞争是不是越来越激烈吧。话说回来,什么竞争不是越来越激烈呢?孩子没出生,就进行胎教了;还没有上小学,就要树立"不要输在起跑线上"的观念,去学习各种技艺了。如此说来,高中新生在入学前的长长两个月的假期中,为高中做些知识储备,确实不为过。

这样一份作业清单,我觉得要做到以下几点:一要有温度,要让将要入学的学生感受到学校教师的温情;二要简洁,不要用长篇大论把学生吓住了;三要有趣,不要全都是枯燥的练习;四要基础,要能引导学生巩固初中知识,为高中的学习做好准备;五要有区别,对不同基础层次的同学可以有不同的指引。

作业布置后,检查落实更加关键。如果没有检查,学生不认真对待,再好的设计都是白费功夫。关于如何检查督促,我们会在"精细落实篇"再谈。

闲话少说，在此附上我布置给学生的上高中前的暑假作业，以供参考。

⊕文

××学校2014届高一新生入学前暑期作业（英语科）

亲爱的同学：

你好！

欢迎加入我们的大家庭。在即将到来的三年，我们学校英语科组的全体老师将和你一起畅游英语的海洋，用英语来认识新的世界，学习新的知识，更重要的是——冲破高考大关。我校的英语科组有着良好的传统，学生成绩一直优异，我们相信一定可以和同学们共创佳绩！在这个暑假，请同学们完成以下的作业，以便更好地为高中学习做好准备。

一、词汇

复习初中考纲的词汇，入学后会进行中考词汇过关测试，题型为词汇的中英互译。

二、语法

复习初中课本的语法，尤其注重动词的时态、被动语态、定语从句等的复习，入学后进行相关的测试。

三、朗诵

1. 朗读初三上、下册的课文，每篇朗读5遍。

2. 朗读《××概念英语》第二册第1~24课，背诵前5课。

3. 借阅高中课本，预习第1单元，并朗诵课文3遍。

四、阅读

建议购买《××虫系列》英语简写本，找适合初三或者高一水平的1~2本阅读，开学后组织阅读分享。

五、视听说

1. 观看英语原版电影，反复多次观看，尽量不看中文字幕。

2. 下载《英语××配音》APP，配音玩起来。

3. 学唱一首喜欢的英文歌（生日歌不算），回校分享。

六、资料准备

1.《牛津高阶英汉双解词典》或者《朗文当代高级英语辞典（英英·英汉双解）》，必须到大型新华书店，且要买最大、最厚的版本哦。

2.《××概念英语》第二册。

英语很有趣、英语很有用，我们一起努力！

No.63 如何布置有效的寒暑假作业?

❓Ⓔ的困惑

W老师提供的新生入学前的暑假作业挺有参考价值的。那么,平时的寒暑假作业又应该如何布置呢?

🧑‍🚀Ⓦ的解答

寒暑假的来由有不同的说法:其一是寒暑假期间天气差(太冷或者太热),不利于学生上学,多人集中容易感染疾病。其二是学校专门给学生一段学校课程以外的时间,让学生进行"游学"学习。用现在的话来说,就是综合性实践活动吧。不少农村学生还有农忙假,主要目的有两个方面:一方面,为了方便学生帮助家里干农活,或者是为了方便学校的教师回家干农活。(我在读小学时,小学教师都还同时种庄稼。)另一方面,也可以说这是一种社会实践活动,现在不是有很多城里的学校组织学生去学农吗?

因此,从任何角度来说,长长的寒暑假时间都不是给学生"玩"的("玩"加了双引号是因为有时候玩也是学习的一种方式),而是换一个场所、换一种方式、换一种内容的学习。这一点,学前和小学的学生及家长做得挺好的,不是参加兴趣班,就是参加学科式的补习班,哪怕随便游玩,对小朋友来说也是很好的增长见识的机会。

而到中学后,寒暑假的学习功能似乎在削弱,原因可能有几个:其一,而且最重要的是,学生的认知水平在不断提高,普通的和伙伴玩耍已经不构成学生成长的主要环节，学生的发展需要更高的指引。其二，学生的自主意识增强，并不会像小时候一样喜欢整天和家长待在一起，家长说的话也未必像以前那样有吸引力了。其三，家长因为工作等原因没有足够的时间承担起家庭教师的职责。其四，家长的知识水平和对世界的观点，不足以满足学生成长的需求。比如，同一位家长，在婴儿刚出生的时候，只要能教婴儿"吖吖，咕咕"之类的发音就能满足婴儿的学习需要了。到了学前阶段，要教1～10的数数或者简单的认字。在对世界的认识上，教会孩子按时吃饭、不能乱找药物放进口里，对孩子来说就是最好的学习了。到了小学，要教的学科知识更多，孩子对世界的认知需求也更多，家长便发现自己的知识储备越来越满足不了孩子的发展需求了。

在这种情况下，对大部分没有能力仔细指引中学生寒暑假生活，也没有足够的资源请家庭教师（这里说的家庭教师不仅限制于学科知识的家庭教师）的家长来说，学校布置的寒暑假作业（或者学习指引）就构成了他们和孩子寒暑假生活和学习的重要环节。

简而言之，教师不要为布置寒暑假作业而感到愧疚，或者认为是在谋杀学生的自由时间；另外，不要随便布置，因为教师的作业对学生的成长（不仅是分数）十分重要。

我认为，作业既要有课内的，也要有课外的；既有必做的，也要有选做的。下面我将提供其中一份供读者参考，希望大家有更多、更好的作业形式及对学生激励的言语和大家分享。

附文

高一年级暑假作业及学习指导

一、作业

1. 复习必修1和必修2的词汇、课文和《轻松过××》，暑假回来第一周进行复习检测。题型包括：（1）单词拼写；（2）课文单句语法填空；（3）课文词句填空；（4）句子翻译，从《××过关》的例句选取；（5）词形转换，如名词变动词。

2. 背诵NCE Lesson 37～Lesson 41，抽查其中两课，暑假回来第一周进行检测，形式和期末考相同。

3. 预习课文Unit 11。做《××过关4》Unit 11 Lesson 1，Lesson 3和Lesson 4的要点过关。

4. 《学生××语报》47～52期快乐阅读版块。阅读报纸内容，并摘抄不少于1000个词汇。

5. 配音练习10个（见班群发布）。观看英语动画片《疯狂动物城》，以便下学期进行配音模仿比赛。

6. 写作文一篇，150词以上，题目自拟。抄袭重罚！

对以上要检测的项目，不过关者都需要补考，并被记录进学习档案。各班科任教师检查学生作业，并对不完成作业或不按时完成作业的学生进行相关处罚！

二、高二授课特点及暑假自学指导

高一阶段的授课考虑到学生初中学习与高中学习的衔接，讲课的节奏会比较慢，测试的难度也较低。进入高二，教师的讲课节奏会加快，内容会增加，对学生的要求也会随之提高。同时，为了让学生更好地为高考做准备，高二的测试难度也会比高一的难。

鉴于高二的授课特点，建议学生在暑假期间认真复习高一所学的内容，并对高二的内容进行相应的预习。基础薄弱的学生更应该利用假期的时间补上，否则高二阶段的学习会更加艰苦。学生可以做以下具体的工作：

1. 听英语必修1～4的课文录音，跟读。流利度要达到《××过关》五星标准的要求。

2. 背诵《××松过关》1～3上要求"挑战背诵"的段落。

3. 复习已学的NCE，继续诵读NCE2后面的部分。

4. 预习英语《必修4》Unit 11和Unit 12；最好继续预习英语《必修5》。

5. 阅读英文小说简写本，可以找《书虫》系列中初二或初三难度的小说。听、阅读英文报纸杂志，如《疯狂英语》《英语广场》《二十一世纪学生英文报》等。

6. 对英语有兴趣的学生可以参加一些培训机构的暑期夏令营或培训班，尤其针对口语进行突破，也为学生未来的就业增加成功的砝码。

三、英语竞赛的准备

竞赛班的学生及准备高二全国英语竞赛的学生暑假要做到：

1. 自学《高中英语必修4、5》的课文。

2. 多听、阅读英文报纸杂志。

3. 学习《VOA慢速英语××程》至第15课。

4. 多朗读、背诵美文和作文范文，如《学生××语报》上的文章。

5. 建议购买《高考英语阅读××程》一书，并在暑假学习1～30课。此书与上次准备南海区高一英语竞赛的是同一本，已有的学生不用重复购买。

No.64 怎样利用好听力训练的时间?

ⓔ 的困惑

学校给我们英语备课组每周两天晚上各30分钟的晚听时间,记得这是一个传统的时间。在我读书时,当时的广东还不涉及听说考试,只是听力考试,那时我们的教师就给我们做听力训练。现在考听说,怎样使用这样的时间才能发挥最好的效果呢?

ⓦ 的解答

学校会经常给学科安排听力练习时间,尤其是在晚自习课安排会比较多。(当然是学生有晚自习的学校。)

有些教师可能会认为听力和口语分值不大,不用花那么多时间,所以会把部分的听力训练时间用作笔头练习或测试。但是我个人不建议这样做。英语成绩本来就不单是靠题海战术就可以提高的,语言学习需要多开口、多朗读、多背诵、多记忆,而现在的学生本身在这些习惯的养成上就相当不足。

有时候,做一套听力测试题或者开展一次听说考试不需要用足30分钟时间(也有些学校安排40分钟训练时间的);有些学校每个星期安排三次练习时间,若每次都做题就太多了;有时候在高一、高二阶段没有必要进行过多的套题训练。这时候,我建议安排多种形式的内容。以10分钟一个单位时间为例,可以做以下这些内容(如果30或者40分钟,就挑选其中几项内容来进行):朗读听力的原文、读某单元的单词表、朗读课文、跟读《新概念英语》短文、背诵单词、背诵单词后的测试等。

另外一个推荐的做法是，把一套高考题型的听说考试题，多用些时间，做更充分的准备、更多次数的练习，这样学习的效果更好。下面我附上一份广东省高考计算机考试听说题在平时练习时的练习要求，以供参考。

附文

《××报纸》口语练习程序（30分钟）

一、准备通知

18：28　通知准备材料：请拿出《××报》需要听的×期和有听力原文的下一期。至少播放两次。

18：30　再通知材料。"听说练习1分钟后开始"。

二、第一节　模仿朗读

1. 18：31　播放第一次录音。

暂停录音1分半钟。"请同学们用一分钟时间练习朗读一遍，弄懂不明白的单词和句子"。

2. 18：34　"请同学们跟录音朗读"。每句停顿一次。

3. 18：36　"请同学们自行模仿、朗读短文3遍以上"。

暂停录音2分钟；放开暂停键（录音本身有1分钟的空白时间）。

4. 18：38　播放《第二节　角色扮演》。播放听力两次。暂停录音2分钟。

"请同学们相互进行问答练习。"（因为没有在计算机上进行，课室也没有开屏幕投影，我们就把三问的中文和五答部分的问题写在纸上发给了学生。）

三、第三节　故事复述

1. 18：43　播放录音（听故事两遍）。

"请同学们练习复述故事三遍。"中间留出5分钟复述。

2. 18：50　模拟考试时的故事复述录音。

朗读原文

18：52　"剩下的时间至7点钟请同学们拿出×期报纸，朗读听力的原文和答案三遍。"

No.65 如何安排英语听说上机训练?

？Ⓔ的困惑

听说英语考试全部是在计算机完成的，我们是否要多安排学生到计算机房进行训练呢？到计算机房进行训练又有哪些注意事项呢？

Ⓦ的解答

我认为，英语是综合性的。因此，我们应该把听说考试置于提高英语综合能力的大前提下，不应该刻意把听说当成单独的技能训练，而是应该尽量把听说渗透在平时的英语学习中。

在平时的英语学习中要强调让学生读准每个单词，在课文学习的时候找出一个小段落让学生跟录音朗读，模仿语音语调，让好的语音语调可以起到作文中如"漂亮的书法加上好的句型"一样的作用。多创造机会让学生在课堂上回答问题，轮流布置学生在班上复述故事，要求学生发音清晰、响亮。

对待基础较差的学生，不能采取放弃的态度。其实，听说跟写作文一样，不管学生基础多差，只要写了、说了，就有分。我们要接受学生的现状，在现有的基础上努力让学生提高分数，哪怕是提高0.5分。

如果安装了自动评分系统，上机训练最大的好处就是可以让电脑改出学生的练习成绩。但是，上机训练也存在程序比较复杂、机器设备的故障难以把控等因素，影响学习效率。因此，我们一般会在高二下学期让学生上机训练几次，熟悉计算机考试的要求，也增加训练的动力。到了高三，等学生熟悉了考试流程后，也不必每个星期安排去电脑室练，一般隔周一次即可。

为了让学生上机训练达到最好的效果，我们制定了详细的上机训练要求及指南。

附文

××中学英语学科电脑室听说训练指南

一、注意事项

1. 每次上完课时一定要确保电脑室的4道门全部锁上。有时学生会打开后门等，请教师一定检查清楚设备的安全问题。

2. 爱护电脑室的一切设备，遇到不懂的操作不要硬来。可以找电脑教师帮助处理。负责教师：陈××老师；电话：189××××××××。

3. 请保管好电脑室的钥匙，听说高考结束后统一交还备课组长，归还学校。

4. 请保持电脑室的清洁。学生不要在电脑室扔垃圾，要放好自己的凳子和耳机等。每个电脑室当天最后使用的一个班，负责安排学生保洁课室。星期二4室1班负责；星期三4室5班负责，5室13班负责；星期四4室15班负责；星期五4室17班负责，5室19班负责；星期天4室7班负责。

5. 爱护电脑设备，科学开关机。每次离开前把电脑关掉。

二、电脑室操作指南

1. 讲台、照明、空调、投影等的操作要求和课室一样。

2. 电脑的总电源开关在电脑室后门的电箱里。开时先开总开关，再开各分开关。关时先关分开关，再关总开关。

3. 教师电脑登录时用"English"账户登陆，不要用"administrator"账户登陆。

4. 远程操作开关机步骤（教师统一开关全室的机器）：桌面—多媒体教学—远程命令—远程开机/远程关机/远程重启。平时尽量少用，让学生自己开关机。

5. 在听说软件全屏显示时，要想回到电脑桌面，可以按键盘左下角的（窗口键）"■"图标。

三、软件操作指南

1. 教师端：打开桌面图标—测试设备—导入试题—进入训练界面。

2. 学生端：打开桌面图标—输入学号和考号—远程连接—等待主机反映。

3. 练习过程中回放学生某题答题录音：录音完毕—暂停—功能—点击某个学生—功能下拉菜单—回放录音。全班同学可以听到该同学的答题录音。

4. 保存录音（上传答案）：总界面—功能—功能下拉菜单—采集学生答案—贮存位置（自己新建文件夹）—确定。

5. 每个学生回放整卷录音：总界面—回放录音。

6. 听参考答案：总界面—参考答案。

No.66 平时可以采用哪些英语听说测试形式?

E 的困惑

在平时的教学过程中,因为组织和评卷的问题,难以组织高考听说模拟考,那么在平时教学操作中,有没有其他简便的操作方法呢?

(备注:广东省高考自2011年起采用人机对话听说考试,以15分总分计入高考成绩,全体学生参加。)

W 的解答

在平时的教学中,尤其是在基础年级的教学中,不仅操作上难以进行高考听说模拟考,而且也没有必要完全使用高考听说考试的方式。以下是我在平时考试中方便操作的一些测试方法。

1. 课文朗读测试

在单元测试或期中期末考试中,教师可指定一定范围的课文,让学生提前熟读。在测试中,教师可用纸条打印好若干份课文的节选片段,让学生抽取其中一张朗读。教师现场评分。在实际操作中,每名学生的测试,1分钟内即可完成,一个班的学生在1小时内即可测试完毕。通过教学实践发现,课文朗读测试对促进学生熟悉课文、增强语感、巩固基础知识能起到很好的作用。

2. 故事复述测试

教师在考前两周指定5~10篇故事给学生提前准备。测试时学生抽签决定要复述的故事,先看着故事原文回忆半分钟,然后用1.5分钟复述故事。教师现场评分。半分钟的准备时间主要是让学生回忆故事。学生需要在考前的一两周准备时间中熟练掌握复述几个故事。假设学生每学期可以熟练讲述10个故事，到听说高考前就可以熟练讲述50个故事，这对学生的讲故事能力及整体语言水平都会是一种很好的促进。

以上两种方式都需要教师进行面试和现场评分，也可以在纸笔测试中加入听力来实现。

3. 听写测试

听写可以采用录音播放，在单元测验中也可以由教师朗读。听写的内容可以包括：

（1）小短文。

（2）课文重点句子。

（3）语言点的例句。

4. 改编听说高考题型测试

可以完全采用听说高考的音频，"三问五答"的中文翻译及问题以文字形式呈现在试卷上，故事复述可以采用关键词听写的方式。

5. 其他传统选择题的听力考查、听取信息训练

其他传统选择题的听力考查、听取信息（如广东省高考2010年的听力题型）等测试，也可以考查学生的听力。

No.67 平时的英语口语考试应如何操作？

❓Ⓔ的困惑

以上您说的平时的英语听说考试测试形式很实用，但是如果教师平时对学生进行面试评分，如何做到有效操作的同时又保持一定的公平性呢？

Ⓦ的解答

尽管上面的题型在技术上比较方便实施考试，但是，如果用到大型考试中，涉及学生个人成绩、班级成绩比较等利害关系，还是会有一定的阻力。我在年级里首次推行的时候就遇到了这个问题。

当时我是这样操作的。在英语段考测试中，试卷总分150分，那么在命制试卷时我只命制140分的题目，留出10分作为口语考试的成绩，由班级科任教师测试后上报。为了方便操作，我没有采用不同班级教师交叉面试这种方式，因为这种方式尽管公平一些，但是操作麻烦，不利于持续开展。其实，哪怕交叉面试，不同教师的评分标准不同，最后可能也会带来更大的争议。

所以，我把这10分口语成绩定义为"不对班级进行比较，而是用来促进本班学生平时的口语训练"。在高一各班均为平行班的状态下，我规定每个班上交上来的英语口语成绩平均分都是固定的，一些笔试部分平均分更高的班级在这10分里也是一样的。如果分了理科班、实验班或者平行班这些层次，我就模拟学生班级总分的差距，给予各层次班级相应的平均分。同层次内的平均分一样，见下表。

口语成绩

科目分类	实验班	平行班
文科	7.5	6.8
理科	7	6.5

在这种评分下，我们需要统一备课组教师的认识，这样做的目的是为了学生长远的发展，为了学生三年后的高考成绩。因此，不能为了眼前的一点点成绩差别而放松对学生的要求。教师应该清楚地认识到平时口语考试对学生长远发展和高考成绩的积极作用，从而扎实地把口语考试的内容落实到位。的确，在操作过程中，可能有极个别的教师会不落实这10分口语考试的内容，因为他们可能认为这10分不会导致班级之间的差距，进而把这10分转移到督促学生学习其他140分的内容中。但这种绝对是极个别的现象，可以忽略不计。而且，如果这样操作的话，也很难说一年之后学生的英语综合成绩会进步还是退步。

还有教师反映，个别的班主任有意见，因为这样有可能影响班级指标上线情况。为此，我专门利用一次备课组会议，用一次段考的成绩来分析。

首先，10分的口语分，我们最高给的是9分，没有给满分的，同一所学校，学生相对同质，可能只有极个别的学生会低到4分，绝大部分的给分都在5~9分，年级总平均分为6.8分。如果真有某位教师想把某名学生的分数打高，估计最多也只能比他应得的分数高1分或者2分，如7分水平打到9分，或者6分水平打到8分，已经是极限了，因为所有班上的学生都相互了解。（实际上，是没有教师会专门这样去做的。）

那次考试文科的重点分数线是593分，理科的分数线是568分。假设某位教师想操纵一名学生上线，那么全年级文理科在分数线以下2分的一共才15人。这15名学生中，肯定不是每名学生英语都是差科，我们假设最多5名学生是英语需要帮助的。那么，平均到全级20个班中，每个班能够操控的学生仅为0.25人，影响微乎其微，而且前提必须是想操控的教师要预测到这次需要"帮助"的是哪0.25名学生。事实说明，没有教师会专门去做手脚，从这10分中操控学生的上线情况，哪怕有人有此想法，技术上要做到，也十分困难。

通过这一通分析，我说服了有疑问的同事；然后英语教师又能够向其他非英语教师和班主任传达正确的信息，以消除误解。当然，也需要感谢学校领导，能够对我这种任性的行为"不闻不问"。

自我反思，这类以评价来引领教学的做法是我整个改革实验成功的关键因素之一。

No.68 如何给学生做英语听说考试考前指导?

❓⏳Ⓔ的困惑

广东省自2011年开始推行高考英语听说考试,现在全国其他省份、其他学段也在努力创造条件开展,而且分值会越来越高。英语听说考试前有哪些注意事项? 应该怎样给学生进行考前指导呢?

🎓Ⓦ的解答

的确, 每年高考英语听说考试前, 我都会给全级的学生进行考前辅导讲话, 目的有三:一是再次交代一些注意事项;二是严明考试纪律;三是鼓舞士气。下面就附上我的一次讲话稿, 仅供参考借鉴。

🔵附文

高考英语听说考试考前讲话

高三级的同学们, 明天早上, 今年高考的第一场考验——高考英语听说考试, 就要开始了。

我们已经为高考英语听说考试做了大量的准备, 同学们刻苦训练, 学校也创造一切条件保障同学们有良好的备考和考试环境。信息科组的老师调试好了考场的每一台电脑, 不仅拆开了每一台电脑的内存条擦干净, 还更换了每台电脑的电池, 等等。在这样繁忙的工作中, 他们还抽空整理了电脑5室和6室给同学们来练习。这是前几年从来都没有过的。

我们付出了这么多，当然希望有回报。因此，以下所说的注意事项，同学们务必每条都认真听好、记好。请你放下手头所有的东西做记录，不要因小失大。

1. 上午考试的考生于7：20集合。第一、二、三场的考生在高一教学楼一楼架空层，第四、五、六场的考生在图书馆正门靠近宿舍处，接受金属探测仪的检测，并听候老师的指引，有序到达候考室。8：00后不能进入候考室，也就不能参加考试。

第一场的考生到二楼后听从老师的指引，直接上到五楼备考室。第一场考试在8：30正式开始。

第二场的考生到2楼图书馆阅览室外的空地集合，排好队有序等候，不要进入阅览室。

第三场的考生进入图书馆右手边的小阅览室候考。

第四、五、六场的考生进入图书馆左边（靠近宿舍）的大阅览室候考。

2. 下午考试的考生中午1：20到高一教学楼一楼集合，接受金属探测仪的检测，听候老师的指引到候考室。2：00后不能进入候考室，也就不能参加考试。

候考室设在图书馆2楼，因为场地不多，请同学们务必根据老师的指令有序等候。可能会出现个别同学缺少座位的情况。

因为候考室里人多，禁止讨论和讲话，不能三五人围在一起，更不能有看其他书或者做其他与考试准备无关的事情，否则学校将以"干扰其他同学高考"为由，对相应的同学进行违纪处分。

3. 考生不能带任何通信工具及电子产品，如MP3/MP4等进入候考室。这点大家千万要谨记，千万不要以身试法。高考作弊，将被取消所有科目的成绩。被抓到作弊，今年你就不用再参加高考了。大家千万不能存在任何的侥幸心理，我还清楚地记得10年前，一位考生带在身上的手机在高考最后一场的最后一秒被发现时的惨痛教训。万一大家在进入候考室前身上带了不该带的，可以交给老师代为保管，考后再取回。

可以带纸质的学习资料。纸质的学习资料只能带入候考室，不能带到备考室和考试室。在上备考室前，需要将其留在候考室。大家可以做好标记，每一场考试结束后，大家留在候考室的东西会放到二楼东边靠运动场的楼道里，大家考试结束后可以取回。请大家准备好资料，因为第五、六场的同学可能要到12点。

大家只能带和英语相关的资料进候考室，严禁携带其他资料。所有资料一定要留在候考室，不能带进备考室和考试室。千万别想着就几张纸，放在口袋里没人会发现。在被发现之前你是不知道会被发现的。同学们千万别以身试法。

4. 在候考室，只能个别同学有序上厕所，不能成群结队去。

5. 考生可带胶质且透明的水杯到候考室和备考室，但是不能带水到试音室。请自备矿泉水或者用透明的水杯，以方便饮用。第五、六场的同学可以带一瓶牛奶和少量的饼干或面包。但是严禁带鸡蛋等其他有气味的食物，这一点并不是考场规则所明确允许的，所以我们只能低调地处理，不提倡。但是只要是没有多大的影响，也不禁止。

7. 备考室设在图书馆5楼，到了备考室需要按考试座位号就座，并确认签名，然后由工作人员带领到试音室。考生只能带笔到试音室，不能带水和任何资料、纸张，统一使用考场的草稿纸。

8. 考试结束后，从东边的楼梯下去，回到本班课室，并且除上厕所外，不能走出课室，因为其他人还在考试。我们对高一、高二的同学也是这样要求的。要求他们留在课室内，以保障我们高考。

9. 请一定带好身份证和准考证，请大家现在就检查好。没有身份证的同学请马上与老师和家长联系。离开宿舍前再次检查确认两证。

10. 下午考试的考生早上7：00—9：00做综合科的测试卷，9：30后到上午下课前在英语老师的指引下准备下午的考试。上午考试的考生在当场考试结束后回到本班课室，进行正常的学习，下午进行综合科测试。

11. 考试结束，大家先从高一教学楼楼梯下到一楼，然后走高三的楼梯回到本班课室。

下面是几点考试的提醒：

1. 在开头播放考试指示的部分，大家可以读出声来，活动一下嘴巴，调整一下心情。

2. 模仿朗读播放第一遍录音时，大家不要太大声跟读。如果大家都大声读，则听不清录音，不能体会录音的语调，也听不清难的单词的发音。

3. Part B录音时要有自信，即使答案不确定，也要自信地说完。说话犹豫不连贯，则答案无法被电脑辨别。

4. 所有的录音请等待提示音响完，停顿两秒后再开始录音，否则开头的单词可能无法录音。

5. 大家要明白，监考老师是在为同学们的考试服务的。在试音过程中若发现问题，请举手告诉老师。在考试中途出现耳机听不见、说话时音波线不动、没有录音成功等时，都请告诉老师。

6. 考前的复习时间大家可以继续多听高考真题，多说、多开口；再继续过词汇3500的读音关。

7. 可以带上3500词汇和几套高考听说题目的文本在候考时朗读，以帮助自己尽快进入考试的状态。

同学们，考试只要能发挥出自己正常的水平就可以了，要对自己的水平有一个正确的估计和期待。在心底里默默地对自己说一声："我准备好了！听说考试，我来了！"

利用好考前的时间，再做好最后的准备，包括知识和心理上的准备，有准备的考生在考场上是不会紧张的。今晚睡个好觉，明天信心十足地走进考场吧！

祝同学们明天马到功成，2017高考旗开得胜！

我的讲话到此结束，有问题的同学在晚修期间可以到高三（1）班找我。

No.69 机改的英语听说考试有什么特别需要注意的事项?

E的困惑

听说现在高考英语听说考试采用电脑评卷。电脑改卷和人工改卷有什么不同的特点? 有没有一些需要特别注意的地方?

W的解答

随着现代科技和人工智能的发展,电脑能做的事情越来越多了,影响着我们生活的方方面面。农业革命让人类过上了定居的生活,摆脱了和野兽斗争的危险;工业革命让人类的生活变得富足;而现在正在轰轰烈烈地进行着智能革命。我不认为智能革命会让很多人没有工作可做,绝大多数人以后仍然有工作,但是智能革命必将改变我们很多。至少现在我们英语教师已经体验到了,高考听说人机对话技术让英语口语考试在大型高利害考试中成为现实。如果只能靠面试考官来操作,大规模的口语考试是难以实现的。另外,在评卷中,尽管机器评卷有其自身的缺点,但是其更加稳定、有更好的信度,因此可以减轻教师的评卷负担。

高考英语听说考试采用人工评卷时,考生有可以投机应对的策略,例如故事复述开头几句必须说得很好,最后几句又必须格外留神(因为据说教师评卷时往往不会把整个故事听完,而是着重听故事的开头和结尾)。那么,现在的机器评卷又有哪些需要注意的地方呢?

1. 说话要流利连贯

习惯使用手机或者电脑语音输入法的师生会发现，无论是中文输入还是英文输入，当我们说话流畅、意群停顿准确时，软件的识别率很高，会达到95%以上，甚至100%。当我们说话不流畅、停顿多的时候，软件的识别率会显著下降，手机版讯飞语音输入还用灰色字体显示了软件识别的过程。可以看到，随着后续语言更多的输入，软件可以根据后面的语境对前面识别的文字进行重新修订。其实很容易理解，因为语言的同音现象很多，只有语境丰富了，才能够准确地知道这个词是什么，说话断续、停顿不准确就是把词语的语境剥离了。因此，训练流畅说话的能力十分重要。

2. 要等提示音响后两秒再录音

电脑的反应速度各有不同，如果提示音结束马上说，很有可能开头一两秒说的内容录不进去。

3. 做Part B 的"三问五答"时，如果答案第一次说错了，可以马上重复说一次正确的（当然是自认为是正确的）答案

但是，不能把这个当成投机取巧的策略，以为每题都说两个答案，只要有一个答案对了就得分，从而增加得分的机会。应该和笔试一样，意识到只有写一个答案的机会，当你想保留第一个答案时，就千万不要再多说一个答案了。与笔试的修改答案不同，听说考试中的第一个答案不能擦去。因此，说了两次答案的，理应没有第一次就说对答案的分数高。其实，出现需要修改答案的情况是极少的，因为"三问五答"中有足够的时间让学生组织整理答案。会就是会，不会就是不会，学生不必过分紧张。

4. 万一真的需要更改答案，也只需要把正确的答案说出来即可，不能说"Sorry, I am wrong."之类的话。

作答完毕也不必说"That's all. Thank you!"电脑不会因为你的礼貌而给你加分，反倒有可能干扰正常的评分。

5. 试音也有技巧

有的学生发现在试音的时候音量很正常，但是在真正录音时音量过大，音量显示条出现很多红色。问题就出现在试音和真正作答时的环境不同上。在试音时，并不是整个试室的学生都同时朗读，而且刚进入试室，大家没有放开，声音相对较小，整个试室的环境相对而言较安静。因此试音时我们往往说话的声音也小，然后就自然而然调高了系统的音量。而到了真正作答时，整个试室的学生同步作答，而且又生怕自己的声音被别人压过，整个试室的音量就被提高了若干分贝，因此学生自己录音的音量也比试音时提高了若干个分贝，造成了个人试音和录音时音量的区别。对此，有两种解决办法：一是试音时就模拟好真正作答的音量。当然，这需要点勇气。二是模拟好试音和作答的音差，以录音时音量正常的音量值，倒推出试音时音量应该的值。这些都需要学生多尝试、多试验才能准确地把握。

6. 一些试音的小技巧

还有人试过（当然不是在高考真正的评卷软件上测试过）将Part A 模仿朗读部分的介词、冠词等读得更加清楚明显点，容易得到更高分。这至少提醒我们平时不能随便把单词的尾音吞掉，也要读准一些词加了后缀或者加了-ed后的发音。也有人试验过将Part C的故事复述得更加忠实原文，这也能得到更高的分数。这也好理解，故事当然是更加详尽地复述出来最好了。但是，需要注意的是，这些都并非是在高考真正评卷软件上的测试，因此不能作为权威的方法。再说，电脑智能的发展日新月异，或许现在已经能够更好地辨别人的一切说话方式了。

上面提到一些关于电脑评卷考试的注意事项，仅供讨论参考。

智能革命不会让人类失去工作，但是必将改变人的工作。智能革命带来的各类信息化的课程将可以替代很多原来照本宣科式的教师，但是又会更多地需要有智能意识和智能时代思维方式的教师。让我们从研究高考听说考试开始，做一位智能时代的教师！

No.70 如何降低英语听说训练的难度?

E 的困惑

在学生高一征订的辅导材料中,就有高考英语听说考试的题型训练,但是学生之前没有接触过听说考试,直接进行这类的训练对学生来说太难了。有没有办法帮助学生降低训练的难度?

W 的解答

在教学的操作中,我尝试在基本不改变题型的情况下,帮助学生降低难度,逐步进阶。以下是针对广东省英语听说考试题型提出的一些简单的方法。

1. 模仿朗读

(1)增加听录音的次数。

(2)句间增加停顿时间。

(3)增加学生练习准备的时间。

(4)给学生提供难词读音及意思帮助。

2. 角色扮演

(1)预先给出问题文字。

(2)"三问"之前的视频重复播放一遍。

(在正式考试中,"三问"前的部分只播放一遍,对于刚开始练习的学生来说确实有难度。)

3. 故事复述

（1）采用听写填空的形式。

（2）逐句听写或者复述。

（3）增加听的次数或者增加复述的准备时间。

以下是我们给高一学生改编的听说训练材料示例。当然，高一未必要用高考听说考试的材料作为听说训练材料。不过，在很多学生购买的学习资料中都有这类的材料。因此，我们就地取材，以帮助学生更好地利用这些材料。

附文

听说训练17

PART A: 模仿朗读

1. 听故事1遍

2. 练习朗读2分钟

3. 再听故事1遍

4. 模仿朗读1遍

PART B: 角色扮演（开头的一段对话播放两遍）

提问1：Mike现在在哪里？

_____

提问2：Mike最好的朋友是谁？

_____

提问3：Mike跟老师们相处得好吗？

_____

问题1：What's Mike interested in?

_____

问题2：What did the teachers encourage Mike to do?

_____

问题3：What does Mike usually do on Wednesday morning?

_____

问题4: Why do Mike and Tom become best friends?

_____

问题5: What does Mike's mother ask Mr. Black to do next week?

_____

PART C: 故事复述

先听录音, 补全故事 (故事播两遍); 然后尝试复述故事 (3分钟: 准备一遍和正式复述一遍)。

Long long ago, the farmers of Wales used to send their cows to England ____1____. The cows would be looked after all the way to London.

One day, one farmer cut a stick from a tree for himself. Having arrived in London, he met a wizard on the street ____2____ where the stick had come from, and the farmer told him.

The farmer took the wizard back to the tree. They both ____3____ around the tree. They found some steps that led down to a hole. They entered the hole, and there ____4____ , some soldiers and a round table.

The wizard explained that they were King Arthur and his soldiers, and that they should ____5____ . The wizard collected ____6____ . In another part of the hole, there was a bell, and the farmer ____7____ . One of the soldiers called out, "Who rang the bell? Is Wales ready for us?" "No, go back to sleep," replied the wizard. The king and his soldiers went back to sleep once again.

The farmer and the wizard ____8____ , and the farmer disappeared forever. For months, the wizard searched and searched for ____9____ , but it was never found, and King Arthur and his soldiers slept on, ____10____ to help Wales in need.

第三篇

精细落实篇

3

No.71 词汇学习有哪三条大的主线?

？Ｅ的困惑

有人说，词汇要从课本中记忆；也有人说，狂背词汇表可以突破词汇。到底用哪些方式学习词汇最有效呢？

Ｗ的解答

首先要明确，词汇必须在语境中学习，而语境必须是语篇语境。有些教师把词汇在一个孤立的句子中挖空，要求学生填词，声称是在让学生在语境中学习词汇，这的确有失偏颇。虽然，一个句子也可以构成一定范围的语境，但只是一个很小的语境，难以构成有意义的学习。构成语境的语篇最好是在一定的主题背景下，这样才能构成更大的意义网，使学习更加高效。

在高中阶段，我认为，词汇的学习主要有以下途径。

1. 教材课本学习

利用教材课本学习词汇有着以下明显的优势。其一，教材课本有着严格的编审要求，其必须囊括义务教育毕业后高中阶段需要学习的全部词汇。其二，教材的编写科学，词汇的呈现梯度性较好。其三，教材的词汇多数在语篇中呈现。当然，教材中也有一些词汇是仅以句子为语境呈现，这是其局限性。我认为，评判一套教材优劣的方法之一就是看该教材的词汇在语篇中呈现的比例，比例越大则越好。

2. 课外语篇材料

有语篇语境的词汇学习是越多越好，教材课文也未必能把所有的词汇都在语篇中呈现，这样，增加课外的语篇材料学习就显得十分重要了。课外的语篇有精学、泛学和半精学之分。我个人比较推崇的是半精学。语篇的来源可以多种多样，如报纸、杂志、高考真题、VOA慢速英语、平时的练习题和测试题等。

3. 词汇手册梳理

我个人做不到用词汇手册来学习词汇，不过也不排除某些认知特点独特的人能够通过背词汇表来掌握词汇的基本意义。但是，从外语学习的有效性角度讲，我还是主张在语篇语境中学习词汇。词汇手册最好是袖珍型的，能够随身携带。我认为词汇手册是用来梳理词汇，是在语境中学习了词汇后再进行复习巩固用的。

有人可能会问，这么多内容，学生能够学习得了吗？我们必须要有一个认识：我们是通过多个途径在做同一件事。考纲的词汇是固定的，学习的途径越多，词汇的重复率就越高。多渠道重复并不会增加学生的学习负担，反而，能够帮助学生重复学习，提高学生学习和记忆的效果。

词汇学习是一项艰巨的工程，上述我仅谈及三条学习词汇的主线，任何其他细微的学习机会都不应该放弃。只有多渠道、常重复，才能攻克高考词汇大关。

No.72 如何让学生意识到词汇的重要性?

? Ⓔ 的困惑

词汇在外语中的作用不言而喻。有人把词汇比喻成英语的"拦路虎",也有人说词汇是英语的"细胞"。但是,在教学中,我仍然发现学生对词汇的重要性没有很深刻的认识。有没有什么办法让学生更加重视词汇的学习呢?

Ⓦ 的解答

学生对于词汇的重要性有所认识,但是可能缺乏直观的感知。为了让学生直观地感知到词汇的重要性,我曾经设计过用课堂实验的方法来证明。

在2014年佛山市高考备考研讨公开课上,我到佛山二中借班上课。课堂上我设计了一个现场实验。课前,我请授课班级的教师根据学生的英语阅读成绩从高到低排序,成绩高的为A组,成绩低的为B组。A组的阅读基础成绩得分为80%,B组的阅读基础成绩得分为57%。两组同学的阅读成绩差异显著。

课堂上,两组学生同时做一篇阅读理解题(2009年山东卷A篇),该班的科任教师反映学生之前没有做过这篇题目。A组的学生做原版没有改编的试题;B组的学生做的试题经过了我的处理,我把其中15个单词或者短语加注了中文。学生做完题目后,把答案写在答题纸条上,对答案后计算得分,然后上交给对方组负责统计分数的学生进行计算(我课前安排两组各一名学生带计算器到班统计成绩)。结果,A组的学生得分率为78%,B组学生的得分率为77%,几乎没有差别。

　　我公布结果时，向学生讲明了其中的奥秘，学生都惊叹不已，我鼓励学生在后期的高考备考中竭尽全力突破词汇难关。学生课后表示，通过课堂上的亲身体验，自己对词汇的重要性有了更深、更直接的体会。

　　2018年高考，我在给桂华中学的学生举办讲座时也做了一个类似的实验。我先请10名自认为英语成绩不理想的学生到第一排就座，然后请他们分别找一名英语学习上的追赶对手到第二排就座。我用2017年全国高考Ⅲ卷阅读理解D篇为材料，同样把标注了10个单词中文意思的版本给基础差的学生，结果他们也能做得与他们追赶的目标学生一样好。

　　这类实验简单易行，建议教师们有需要的话可以开展，需要实验材料的话可以与我联系。

No.73 词汇听写的方式科学有效吗?

Ⓔ的困惑

词汇听写是一种脱离语境的词汇学习,因此我不主张进行听写。您怎么看呢?

Ⓦ的解答

的确,词汇学习需要语境,这是我一直主张的。但是,词汇听写属于词汇学习后的一种复习巩固方式,只要所听写的词汇经过了有语境的学习过程,就没有问题了。再说,也并不是所有的词汇学习都必须要有充足的语境(如学习head或者hand,对于青少年外语学习者来说,不需要语境也不妨碍他们的正确理解)。总之,不同词汇所需要的语境的广度和深度有所不同。

听写既是一种督促学生学习的有效方式,易于教师检测落实,又是快速、高效地把在语境中感知、学习过的词汇记住的方法。记住一个单词要经过多次的重复,如果在已经熟练掌握了这个单词的意义及用法的情况下,之后的每一次巩固都要看一段新的语境,我认为这样效率会降低。

教师不仅可以采用单个词汇听写的方式,还可以听写词组、搭配、词块,或者是含有新词的例句,用这种方式引导学生不要孤立地记忆单词。

单词听写也可以根据不同的词汇要求、不同的学习阶段、不同的学生水平,采用不同的形式。除了教师读单词、学生写单词的方式,其他的形式还有教师读中文、学生写英文;学生看中文写英文。有些只需要学生认得而不需要拼写的单词则可以写中文,也可以拆开单词的音节让学生还原。

No.74　如何确定词汇的等级？

E 的困惑

我教的学生中有一个班的学生基础比较差。我经常想，如果能把高考词汇分成不同的等级，让学习有困难的学生学习那些相对简单的，是否效率会更高呢？

W 的解答

是的，在我的教学生涯中，也有过类似的问题，我也产生过同样的想法。学生经常到了高三才买一本词汇小手册，希望突破单词。而事实上，词汇手册上的单词有相当多没有学过或者学过又已经忘记了。

于是我就思考，为什么不能让学生在高一的时候就拥有一本词汇手册，一直陪伴他们高中三年的学习呢？但是，如果学生在高一就拥有词汇手册，那么书里的高考词汇有一半以上是高中的词汇，学生没有在语境中学习过。这样，又会变成在无语境支持的条件下孤立地记忆单词了。

还有就是你提出来的问题，学生的水平差异很大，有的学生可以考雅思托福，有些学生连小学毕业的水平都没有。对于相当一部分学生来说，哪怕高三毕业之后再来一次高中三年，也未必能够把高考词汇掌握透彻。现实中，我们不是见到部分复读了一年或者两年的学生的词汇量还是相当可怜吗？对于这些学习有困难的学生，能够告诉他们哪些词汇简单，哪些词汇较难，让他们由易到难学习，或许能够提高学习效率。

正是出于上述的考虑，我2011年开始对高考词汇表进行分级研究。我把高考3500词汇（《旧课标》词汇量要求）分为7级。其中，1级为小学阶段需要掌握的词汇，2级为初中阶段较易的词汇，3级是初中阶段较难的词汇，4~7级是高中阶段要掌握的词汇。

词汇分级主要应考虑三个因素：①词汇在教材中呈现的年级顺序；②高中生对词汇难度的体验；③词汇在英语中的使用频率。词汇在英语中的使用频率主要参考了《麦克米伦高阶英汉双解词典》和《朗文当代高级英语辞典（英英•英汉双解）》上关于词汇使用频率的数据。为了获得高中生对词汇难度体验的数据，我选取了50名成绩各异的学生，对高考词汇中的初中词汇（分两级）及高中词汇（分四级）分别划定难度等级，然后取他们的平均值作为学生对词汇难度的体验值。最后，我综合上述的三个因素进行综合调整，确定了1~7级的词汇。以《旧课标》词汇量要求为例，等级分配如下：

3500词汇分部分突破各等级数量表

部分	起始单词	结束单词	总数	1级	2级	3级	4级	5级	6级	7级
1	a	angry	170	13	23	13	32	25	24	40
2	animal	bathroom	170	20	18	7	40	33	24	28
3	bathtub	button	170	34	18	13	33	24	21	27
4	buy	coat	170	25	20	14	39	14	30	28
5	coat	cyclist	170	13	10	23	24	31	30	39
6	dad	drug	170	20	17	19	37	24	27	26
7	drum	fast	170	23	18	15	32	31	34	17
8	fasten	glad	170	24	22	21	28	27	27	21
9	glance	huge	170	35	29	14	28	28	22	14
10	human	league	170	20	39	36	13	19	25	18
11	leak	mistake	170	32	34	28	9	19	28	20
12	mistaken	opposite	170	38	25	21	25	16	28	17
13	optimistic	planet	170	30	16	30	18	30	27	19
14	plant	rabbit	170	15	18	41	18	30	29	19
15	race	rush	170	18	16	32	17	33	23	31
16	sacred	sit	170	19	29	29	16	32	25	20
17	situation	stress	170	29	27	30	16	15	11	42

续　表

部分	起始单词	结束单词	总数	1级	2级	3级	4级	5级	6级	7级
18	strict	throughout	170	30	20	28	25	14	24	29
19	throw	vice	183	22	23	36	25	28	27	22
20	victim	zoom	184	42	34	21	25	27	13	22
总数			3427	502	456	471	500	500	499	499

　　有了词汇等级标记的词汇手册，学生就可以从高一入学，甚至小学、初中开始，在学习课文语境后，对词汇进行反复的巩固记忆。经过实验，效果显著。

No.75 每天坚持记忆词汇的力量有多大?

?E的困惑

词汇虽重要,但是词汇又是高中英语教师和学生心中永远的痛。词汇的重复记忆很重要,但是好像很难坚持。您在操作中有没有好的方法可以推荐呢?

W的解答

在教学中,我也有类似的困惑。我尝试的解决办法是引导学生每天坚持记忆单词。我曾经在南海区的教研会上跟其他教师一起算了一笔账,看看每天坚持记忆单词的力量有多大。我以中上等水平学生的学习能力和态度来定义。

首先,我们算一下学生高中三年可以用来学习记忆单词的天数。学生每周6天,一学年40周,一年共240天;寒假用于学习的时间有15天,暑假用于学习的时间有25天。因此,一学年可以有280天用于学习记忆单词。三年一共有840天。

我们以《新课标》要求的3000个高考词汇来计算,学生在小学及初中已经学习了1500个,高中有新词1500个。以学生每天能够记忆学习15个新单词计算,学生记忆一遍高中新词汇需要100天。我们就以每天15个单词的记忆强度计算,则把1500个单词记忆两遍,共需200天。

第三、第四遍复习所有3000词汇的时候,学生一天可以复习30个词汇,两遍共需要200天。

第五、第六遍再次巩固3000词汇时,一天可以复习50个词汇,两遍共需要

120天。这样，我们一共用了420天，就可以把高考词汇表学习六遍。

再继续推演下去：第七、第八遍每天复习60词，共需100天；第九、第十遍每天复习80词，共需75天；第十一、第十二遍每天100词，共需60天。这样，我们共用755天，就可以把高考词汇重复记忆12遍！考虑一些学生的基础相对薄弱，可以把任务适当减少。但是学生只要在整个高中阶段坚持记忆词汇，重复上七、八遍也是没有问题的。

840天的学习时间，我们用了755天，还有85天，或许还可以用来记忆短语、词块、熟词生义呢？

再次提醒，这里我只是把规划好每天坚持学习记忆词汇能做到的结果直观地以数目呈现出来，并不是说从高一入学第一天就拿着词汇小手册一遍一遍地听写下去。

但是，无论我们听写课本的词汇、课外阅读篇章的词汇，还是词汇手册的词汇，都是在课标词汇的范围内的。因此，只要坚持，词汇重复记忆10多遍是可以达成的。把书读薄了之后，在高考前就能比较快速地复习几遍考纲词汇，高考的词汇关，难道不应该比以前更容易吗？

No.76 如何安排词汇的测试和竞赛？

❓Ⓔ的困惑

通过您的计算，我感受到了坚持的力量，每天都记忆单词，积少成多、水滴石穿。能不能更详细地给我们讲一下词汇记忆的操作方法呢？

🧑Ⓦ的解答

好的。我举例谈一下一个单元的新单词听写。可以按下列顺序安排。

先进行第一轮的听写。第一次：Lesson 1（约15个每次）；第二次：Lesson 2（约15个）；第三次：Lesson 3（约15个）；第四次：Lesson 4（约15个）。接下来第二轮多加一些听写的内容。第一次：Lesson 1&2（约30个）；第二次：Lesson 3&4（约60个）。然后在第三轮可以进行整个单元的听写。

这样，在新入学阶段学生就对单元词汇进行了三次的重复记忆。如果所有课文以24个单元计算，共需要学习时间144天。

我们可以在高中三年统筹词汇的学习和记忆，让学生在不断的重复中巩固词汇，具体安排见下表。

轮次	时间	执行者	检测形式	用时	具体安排
1～3	新课学习	班级	日常听写	144天	
4	单元新课学习后	年级	单元测验	48天	每单元2天
5	模块学习后	年级	模块过关测试	24天	每单元3天

轮次	时间	执行者	检测形式	用时	具体安排
6	期末	年级	期末测试	20天	每学期5天，高一、高二共4学期
7	学期初	年级	学期词汇测试	40天	每学期10天
8～10	高三	班级及年级	日常听写及测试	96天	每单元4天
合计				372天	

从第二学期起，安排前两周对上学期所学的词汇（附带其他课文的基础内容）进行复习并测试。

高三进行三次听写过关。第一次把一个单元分成两天听写，第二、第三次进行整单元的听写。

除了课本单词的学习外，学生还利用"高考词汇手册"在不同的阶段对不同等级的词汇进行复习巩固，再次提醒这些巩固是在词汇语境学习之后进行的。具体安排见下表。

时间	等级	内容	共需要时间
高一（上学期）	1～3级	每天约30个单词	约50天
高一（下学期）	1～4级	每天约40个单词	约50天
高二（上学期）	1～5级	每天约50个单词	约50天
高二（下学期）	1～6级	每天约50个单词	约60天
高三（上学期）	1～7级	每天约60个单词	约60天
高三（下学期）	4～7级	每天约40个单词	约50天
考前一个月	1～7级		机动安排
合计			320天

这样，课本和词汇手册过关共用了692天，高中三年共有840天，还剩下148天，这148天可以用来进行课外语篇学习词汇的听写。

No.77　学生能承受强度这么大的词汇记忆吗?

？Ⓔ的困惑

看了您上面的词汇学习计划,我感觉,学生经过多次的重复学习记忆,如果能够真正按照教师的指引做好的话,突破高考词汇是完全没有问题的。但是要坚持如此大量的词汇记忆学习,不要说学生,作为教师,我自己心里都没有底。

Ⓦ的解答

首先,我要声明,前面谈到的操作是经过我本人及同事的亲身尝试的,日常的听写由班级任课教师自行处理,阶段性的测试和过关考试等由备课组统一安排进度及内容。经过两届学生的实践,效果显著,成果和经验在校内和本地区内进行推广,得到了良好的反响。当然,个别步骤或者局部内容可能会有细节上的调整。如果您问是不是我校的所有教师都每天安排听写任务给学生,肯定不是。每位教师都有自己的教学方法,我是非常尊重教师的个性化教学的。但是,我会通过统一的测试来把握住大方向。至少,在实验的过程中,有一大批教师认同这种操作方法,并且坚持实施。

其次,看上去很重的任务,其实并没有那么重。比如,高一上学期听写的1~3级单词,全部是学生在小学和初中就学过的,每天复习30个单词,对大多数学生来说应该不构成艰难的任务。因为他们应该能掌握小学、初中的绝大部分单词,现在仅仅是重新复习一下。对于其他学生而言,30个单词中,也已经掌握了其中的一部分，真正要记忆的单词也不多。

到了高二上学期听写1～5级的单词，每天听写50个单词。这时候，我们已经假设学生经过了多次的复习，1～3级的词汇已经过关，在此重新划为听写任务，仅仅是为了让学生再次温故而已。这样算来，也就是四级和五级的约20个单词，有一定的挑战性。而这两级的词汇，学生在高一和高二上学期已经在课文等语境中学过了，且四级的词汇在高一下学期也再次听写复习了。因此，我也看不出这个任务量到底有多大。

后面的一些等级也是如此，只要学生跟着步伐，把基础打牢固了，这并不是难事。如果基础不扎实，再继续往上就只能越来越难。

因此，教师要对这些任务有清晰的认识，学生在高中阶段需要新学的单词仅有约2000个（《旧课标》），以三年的高中时间来计，平均下来每天学2个单词就足够了。其他每天几十个的单词都是不断地重复同样的内容。这也是在帮助学生减负，帮助学生养成良好的记忆习惯，最终突破词汇大关，那时，学生才能真正感觉到一身轻松。

最后，教师还要意识到词汇对学生来说是困难的。因此，教师要想办法帮助学生减轻词汇学习和记忆的难度。我的建议有以下几点：

（1）不能把词汇记忆的任务全部抛给学生在课外完成。

（2）在早读、自习或者课堂上留出词汇学习的时间。

（3）在课堂上教师指导学生如何记单词，和学生一起学习。

（4）创造竞赛的机会，多给学生发奖状和奖品，以激发学生学习的兴趣。

（5）多鞭策督促，让学生不敢随意放松，增加外力辅助坚持。

（6）注意分层对待，优秀的学生可以拔高要求，基础差的学生可以降低要求。

No.78 如何批改和落实学生的听写作业？

E 的困惑

听了您的解释，我体会到，每天坚持检测学生的词汇记忆情况，引导学生多次反复记忆词汇，并不是在增加学生的负担，而是在帮助学生减轻负担。这样，学生记忆词汇会越记越轻松，而不是像以前那样，过了很长时间，再次复习听写单词时，感觉像在背诵新词汇一样，然后背过了不久又遗忘。但是又有一个问题了，怎么落实检查呢？

W 的解答

的确，任何人都需要他人的监督，处于青少年时期的学生更是需要师长的鞭策。我在平时的教学和学校的教学管理中对学生的要求都比较严格，在规章制度的执行上甚至刻板。反对的声音可能会说"扼杀了学生的自主性和创造性"，支持的声音可能会说"严师出高徒"。不管如何，教无定法，让学生感受多种教学风格和为人处世的态度未尝有坏处。

每天我会从需要背诵的几十个单词中抽取10个单词进行听写。一般我会亲自改听写作业，一般15分钟就可以改好一个班的听写作业了。为了给学生锻炼的机会，也可以安排科代表或者英语优秀生批改。作为督促或者惩罚，也可以让上次听写不过关的学生批改。有时候，为了减少批改量，同时也为了增强学生的荣誉感，可以规定若干次听写满分或者达到某个高分的一周免检。总之，办法还有很多，也欢迎同行们分享交流。

我严格要求学生每天听写的单词要过关。如果达不到过关的要求（根据学生的水平，一般确定50%～80%的过关标准），则要求重听。为了避免重听会额外增加教师的工作量，可以要求学生把当天要听写的单词中文意思全部先抄下来，然后找老师或者科代表监督，写出英文。这样做比较经济高效。

在单元测验、阶段性考试、模块过关等测试中，要求整个年级学生过关，不过关的学生需要补考。因此，命题教师在出试题时同时需要出好补考题。如果补考再不过关，班级科任教师应该布置抄写单词等任务让学生完成，以作惩戒或是当作换种方式记忆学习。

要想成功，贵在坚持。学生需要坚持，教师也需要坚持。当然，在硬性的学习任务和制度的压力下，教师也要做更多软性的激励和关怀性的工作。另外，还要在技术上提供帮助和支持。如果你问教师和学生，英语学习中什么东西最重要，很多人会回答"词汇"。但是，矛盾的情况就出现了。课堂上，无论是教师的指导还是学生的自主学习，都很少见到真正把"词汇"放在最重要的位置，用上比例最大的时间。这个问题或许值得我们继续去思考和尝试。

No.79 词汇测试练习有哪些形式？

❓Ⓔ的困惑

看了上述对词汇过关的理念和操作办法，有一种茅塞顿开的感觉，很想开展一轮教学实验来试行一下。您能否为我们提供更多的词汇测试形式呢？

Ⓦ的解答

在日常的词汇学习中，我通常采用单词听写的方式；在对词汇进行阶段性过关或者整理测试中，我也尝试采用其他的形式。以下我就以《高考词汇分级××过关》的词汇配套测试练习来举例说明。

1. 第一轮检测为连线题

连线题可以测试学生对词汇的初步认知情况，学生可以填卡让机器批改。这类题可以作为第一轮记忆时的测试题，或者作为对基础稍差的学生提出的低要求。

词汇匹配练习1 a ~ ample（P1 ~ 15）：

第一组		第二组	
1. abandon	A. 吸收；使全神贯注	4. abuse	A. 滥用；虐待
		5. accelerate	B. 谈话
2. abolish	B. 废除；废止	6. accommodation	C. 住宿；膳宿
3. absorb	C. 丰富；扩大		D.（使）加速；加快
	D. 抛弃；放弃		

第三组

7. accompany   A. 公司

8. accomplish   B. 完成

9. accumulate   C. 陪同；陪伴

                 D. 积累；积聚

第四组

10. adore   A. 支持；提倡

11. advocate   B. 崇拜；爱慕某人

12. allocate   C. 拨给；分配

                 D. 采用；收养

第五组

13. abortion   A. 废话

14. absence   B. 不在；缺席

15. accent   C. 流产；堕胎

                 D. 口音；重音

第六组

16. acquaintance   A. 英亩

17. acquisition   B. 获得

18. acre   C. 熟人

                 D. 行人

第七组

19. adaptation   A. 适应；改编本

20. adolescence   B. 喜爱；钟爱

21. affection   C. 青春期；青春期

                 D. 影响；作用

第八组

22. agency   A. 议程表

23. agenda   B. 代理；机构

24. aggressive   C. 忧郁

                 D. 侵略的

第九组

25. album   A. 允许；容许

26. allowance   B. 相册；影集

27. alphabet   C. 字母表；字母

                 D. 津贴；补助

第十组

28. altitude   A. 海拔高度

29. aluminum   B. 照明

30. ambassador   C.（化）铝

                 D. 大使

第十一组

31. adventure   A. 冒险

32. agriculture   B. 代数

33. algebra   C. 农业

                 D. 祖先

第十二组

34. abnormal   A. 爆发的；喷发的

35. abrupt   B. 突然的；意外的

36. abstract   C. 抽象的（作品）

                 D. 反常的；变态的

第十三组

37. absurd	A. 学术的；教学的
38. abundant	B. 大量的；充足的
39. academic	C. 荒谬的；荒诞的
	D. 抛弃的；遗弃的

第十四组

40. accessible	A. 习惯于；惯常的
41. accustomed	B. 易接近的；可理解的
42. acute	C. 文化的；习俗的
	D. 严重的；剧烈的

第十五组

43. adequate	A. 替代的；另类的
44. allergic	B. 救护车
45. alternative	C. 适当的；合乎需要的
46. ambulance	D. 过敏的；反感的

第十六组

47. ambiguous	A. 在（船、飞机、火车等）上
48. ample	B. 模棱两可的
49. alcoholic	C. 含酒精的；酒鬼
50. aboard	D. 足够的；丰裕的

2. 第二类的检测有三种题型

一是英译中；二是中译英；三是词性转换。三种题型均以单词的形式呈现，具体案例如下所示。

词汇默写练习1 a ~ ample （P1 ~ 15）：

一、英译中（每小题1分，共40分）

1. abandon *v.*

2. absorb *v.*

3. abstract *adj.*

4. abundant *adj.*

5. abuse *v.*

6. academic *adj.*

7. accommodation *n.*

8. accompany *v.*

9. accomplish *v.*

10. accurate *adj.*

11. accuse *v.*

12. acid *adj.*

13. acknowledge *v.*

14. acquire *v.*

15. acquisition *n.*

16. actress *n.*

17. addition *n.*

18. adequate *adj.*

19. administration *n.*

20. admire *v.*

21. adopt *v.*

22. advance *v.*

23. adventure *n.*

24. advocate *v.*

25. affair *n.*

26. afford *v.*

27. agency *n.*

28. agenda *n.*

29. aggressive *adj.*

30. agriculture *n.*

31. alarm *n.*

32. alcohol *n.*

33. allergic *adj.*

34. alongside *adv.*

35. alphabet *n.*

36. although *conj.*

37. amateur *adj.*

38. ambiguous *adj.*

39. ambulance *n.*

40. amount *n.&v.*

二、中译英（每小题1分，共40分）

1. 在（船、飞机、火车等）上 *prep.*

2. 到（在）国外 *adv.*

3. 缺席的 *adj.*

4. 口音；音调 *n.*

5. 接受 *v.*

6. 账户；描述 *n.*

7. 事故；意外的事 *n.*

8. 通道；接近渠道 *n.*

9. 痛；疼痛 *n.*

10. 达到；取得 *v.*

11. 行动 *n.*

12. 积极的；主动的 *adj.*

13. 活动；活力 *n.*

14. 地址；演说 *n.*

15. 使适应；适合 *v.*

16. 男演员 *n.*

17. 调整；调节 *v.*

18. 承认；准许 *v.*

19. 为……做广告 *v.*

20. 成年人 *n.*

21. 劝告；建议 *n.*

22. 影响 *v.*

23. 后来 *adv.*

24. 害怕的；担心 *adj.*

25. 对着；反对 *prep.*

26. 同意 *v.*

27. 在前；向前 *adv.*

28. 援助；救护 *n.*

29. 在……中间 *prep.*

30. 活着的；存在的 *adj.*

31. 几乎；差不多 *adv.*

32. 允许 *v.*

33. 单独的；孤独的 *adj.*

34. 沿着；顺着 *prep.*

35. 已经 *adv.*

36. 大声地 *adv.*

37. 海拔高度 *n.*

38. 总共 *adv.*

39. 惊叹；震惊 *v.*

40. 目的；目标 *n.*

三、按要求写出下列单词的适当形式

（每小题1分，共20分）

1. accurate _____ （名词）

2. absent _____ （名词）

3. able _____ （名词）

4. adapt _____ （名词）

5. achieve _____ （名词）

6. acquire _____ （名词）

7. adjust _____ （名词）

8. advertise _____ （名词）

9. adolescent _____ （名词）

10. agree _____ （名词）

11. ambitious _____ （名词）

12. amaze _____ （名词）

13. access _____ （形容词）

14. adore _____ （形容词）

15. addict _____ （形容词）

16. agriculture _____ （形容词）

17. advice _____ （动词）

18. actual _____ （副词）

19. disadvantage _____ （反义词）

20. normal _____ （反义词）

3. 第三轮的检测采用句子填词的形式，分为五种题型

其中，第五题的句子翻译全部来源于全国卷高考写作的范文，是学生在真实的作文写作中需要写的句子。

词汇活用练习1 a ~ ample（P1～15）：

一、请根据句意、首字母及汉语提示填写单词，并注意形式。（每小题1分，共20分）

1. He is not a professional photographer but an a_____（业余的）one.

2. All the students have a_____（使用/获取）to the books in our school library.

3. Most people are not a_____（习惯的）to foreign lifestyle when they first settle there.

4. It is universally a_____（承认）that trees make a difference to us human beings.

5. Only in this way can we a_____（使适应）ourselves to the society quickly.

二、请用所给单词的适当形式填空。（每小题1分，共20分）

1. This country suffered a lot from the _____（aggressive）of the enemy country.

2. To our _____（amaze）, he has passed the exam.

3. _____（agriculture）work always begins in March every year.

4. He is highly praised for his _____（admire）achievement.

5. Nobody can tell when the _____（火山）will _____（爆发；喷发）with _____（accurate）.

三、选词填空，有必要时改变词形。（每小题1分，共20分）

abandon / abolish / absorb/ abrupt / absurd / abstract /adequate

1. After the war-time, the country decided to _____ slavery（奴隶制）.

2. The dark-colored clothes always _____ light.

3. He is going to _____ his plan of going abroad.

4. Crops suffered a lot from the _____ change of weather.

5. Without _____ evidence（证据）, the accused（被告）was set free.

四、短语填空，有必要时改变词形。（每小题1分，共10分）

take advantage of / take ... into account / take an action /go against

1. He tried to go away without being noticed by the teacher, but the luck _____ him.

2. With the fact that he is a green hand _____ , I think he has done pretty well indeed.

3. That was not the first time he had told a lie to us. I think it's high time we _____ against him.

五、翻译句子。（每小题3分，共30分）

1. 我很遗憾缺席了你的生日会，因为那一天我有一场重要的考试。（absent）

_____

_____

2. 佛山有丰富的自然资源。（be abundant in）

_____

_____

3. 公寓设施齐全，有热水、空调和免费的Wi-Fi。（access）

_____

_____

4. 若您能提前告知面试的时间和地点，我将不胜感激。（advance）

_____

_____

5. 酒店将为游客提供免费食宿。（accommodations）

_____

_____

我让学生做此类练习的目的主要是检测学生对词汇的掌握情况，并不是想用这些练习来让学生学习词汇。之前我也提过，这些单句的"语境"并不能构成词汇学习的真实语境，学生还是要在主题环境下，在意义丰富的语篇中学习词汇！

No.80 如何看待高频词汇？

E的困惑

在一些复习辅导书中，有时会看到近10年的高考完形填空、阅读理解高频词汇表，不知道这种词汇表是否可靠？作用有多大？

W的解答

1. 关于高频词，要明白以下几点

（1）高频词的概念是有用的，可帮助我们优先学习最常用的词汇。

（2）但不是只学会高频词就可以了，英语中最高频的是the，of，and等虚词，但是表达不了很多实际的意义。

（3）高频词的获取需要有大规模的语料支撑，若干套的高考试题所包含的语料有限，未必能反映英语真实词汇的使用频率。

（4）虽然这类统计能够反映这些高考试题的词汇频率，但是有些频率的差别不足以用来推断词汇的重要性。例如，一个词语出现了5次属于高频词，另一个出现了2次属于低频词，这个仅出现2次的词汇可能是因为所选取篇章的语域局限性导致的低频。我们难以保证这个出现了2次的词汇就不重要。

（5）由上述的第4点可知，高频词要学，低频词也不能放。当然，对于词汇严重欠缺的学生来说，可以先学会高频词，然后再学低频词，有个轻重缓急。但是对于中上层次的学生，目标是尽量掌握所有的高考词汇，那么区别高低频的意义就没有那么重要了。

（6）低频词在高考试题中的作用不一定比高频词差。如果这个低频词恰好是完形填空的题眼，或者是影响阅读理解问题解题句理解的关键词，那么，尽管其出现频率低，但是重要性却很高。

总之，高频词可以学，但是不能迷信，不能以为这是一条捷径。任何以捷径来诱导的方法都有哗众取宠之嫌。

2. 同时我有以下几点建议

（1）统计一下完形填空考点词选取及其干扰词设置或许有意义。我在整理上百篇高考完形填空题后发现，像finally这类副词，realize这些动词经常会被选作考点，而出来做干扰项的词也经常会比较类似。考生在做了大量的题目后有意识地自己做总结，会更有帮助。

（2）阅读理解题干的高频词以及对整个题干的问法，或许值得研究。

（3）高频词的学习应该在大量优质的语篇中学习和感悟，学习的语篇多了，真正高频，或者是数量低频但是意义高频的词，会自然而然地凸显。

因此，我推荐：学习语篇，在语篇中学习！

No.81 如何抓住作文评卷教师的心？

E 的困惑

有时候，我会发现，平时作文写得不错的学生在大型考试统一改卷中得分不高，一些语言水平一般但是书写工整的学生得分却比正常值高，这给我们在教学中有什么启示呢？

W 的解答

这个问题在教学中的确存在，我在此也表达一下我个人对大型考试作文评卷的一些观点。

1. 作文评卷中存在评卷员间的差别很正常

在大型考试中，评卷员所来自的地区、学校，所任教的学生水平、自身的专业水平、评卷时的身体状况、专注度，等等，都有所不同，乃至同一评卷员在不同的评卷时段也有所差异。因此，存在一定程度的评卷员评分差异是非常正常的，大家应该理解和包容。

2. 评卷时会采取多种方式来减少评卷员差别

（1）确定评卷标准

在评卷前，一定数量的专家级教师会找一定的作文样本，商讨后评出专家分。然后会把这些不同等级的作文样本给其他评卷员学习，要求其他评卷员按照专家的标准来评卷。

这种方法可以比较有效地减少评卷员差别，特别是在一些技术性指标的规定上，如对词数、内容要点、篇章段落等方面比较容易把握。但是，这也有其局限性。首先，试评专家间本身就会有不同的意见；其次，尽管通过了学习，由评卷专家到评卷员这中间有一定的距离，这是绝对不能仅通过学习就能够完全把不同人的主观思想完全统一的。

（2）实行双评

误差三评。现在的高考，还有很多地区的模拟考的作文都进行了双评，误差达到一定分数就三评，然后取三个分数中最接近的两个的平均分作为学生作文的最后得分，另外一个偏离的分数作为误差分被废弃。

这是一种非常有效地降低评分误差的途径。首先，有了双评，本身对评卷员就是一种监督和鞭策，谁也不想自己的评卷误差率低。如果只有一评，就不存在评卷误差率了。另外，取两位评卷教师的平均分，这在一定程度上减少了大误差的存在。但是，这也就有可能导致小误差的增多。例如，可能第一位评卷员的分数离专家评分标准是最接近的，但是第二位评卷员的评分空间虽然是在误差率允许的范围以内，但是总是会比理论上的标准分偏高或者偏低，那么平均之后，就产生了一个小误差。另外，也不排除第三位评分者也出错，反而评分较正确的评分者"被误差"了。但这个概率比较小。

（3）专家级评卷领导的监控评卷

在评卷过程中，通常会选取专业水平高的评卷员担任小组长、科组长。其在评卷过程中可以在后台抽查评卷员的试卷，对一些有误差的试卷进行重评，对误差较高的评卷教师进行提醒。

（4）机器评分

为了减少评卷员的误差，现在也开发了机器评分。用机器来评价口语已经在广东省的高考听说考试中使用了多年，现在对英语作文的评分技术据说也成熟了。我个人的观点是，机器评卷从大的样本上看比人工评卷更加稳定公正，但是机器评卷没有"专业水平高的教师以严谨认真的态度在保持专注和没有疲倦的状态下"所评的分准确，尤其是对高分学生的分辨上。

3. 考生本身的卷面工整度对评分有影响

在考场评卷上，时间较紧，教师的评卷速度相对较快。学生书写潦草、影响其辨认，肯定要被扣分，书写也是学生的素养之一！这绝对不是评卷教师的所谓"秒杀"，我认为这是一种正常的判断。但是，我们也不能因为学生书写较差而不看作文随便给分，也不能因为学生的书法很好而不看内容直接给高分。我觉得比较合理的做法是，在书写工整、辨认方便的前提下，学生的书写不影响作文的得分。但是，和人一样，虽然我们强调平等，颜值高肯定会显性或者隐性地占有一些优势。

4. 要抓住评卷教师的心，可以注意以下几点

（1）练就能打动人的考场书写。

（2）注意书写格式，篇章要分段，层次要分明。

（3）减少低级语言错误。

（4）增加亮点表达（但绝对不是所谓高级词汇或句型的堆砌）。

No.82 如何练习好考场书写？

E 的困惑

要抓住评卷教师的心，练就漂亮工整的书写很重要。有没有什么好办法能够帮助学生提高呢？

W 的解答

要想练习好书写，一要摆正态度，二要有方法，三要勤奋。

我始终认为，书写首要的是态度问题。我们考场的书写并没有要求写成书法字体那么漂亮，而是要求学生把字写得端正工整。只要学生态度转变了，学生的书写立马可以有较大的改观。

其次，方法也很重要。我们给学生一些硬性原则来规范后，学生的书写立马得到改观，而这些原则只是一个习惯问题，不存在书法的能力及技术问题。这些原则是：

（1）抵着横线写，横线就是四线格的第三条主线。

（2）段首空四个字母（尽管段首顶格也是规范的，但是在考场上，空格能让评卷教师更方便地看到这是不同的段落）。

（3）词与词之间的间距合适，不大不小，以一个半字母的大小距离为合适。距离过大就没有行的整体感，距离过小就难以辨认单词。

（4）每个字母相互不能挤占空间。我的比喻是不能让字母们在上下班时间挤大城市的公交车。

（5）字母要写饱满、圆润，大小要统一。

（6）不连写。

（7）b，d，f，l，的上半部分不能写太长，以致干扰了上一行；g，j，p，q，y的下半部分不能写太长，会干扰下一行。

（8）每一行书写的量要一致（字母数加空格数）。

（9）用笔的颜色要深，笔画大小要适中，推荐笔芯规格用0.5mm的。

（10）标点符号与前一单词间不留空格。

（11）涂改要先把错词划掉。要用两根直线划，不能乱涂黑。

（12）使用手写印刷体，尽管意大利体很美，圆体很艺术，但是手写印刷体更容易辨认，适合做考场字体。

以上这些都与学生本身手指的肌肉，笔画的美观度关系不大，只是一种态度和习惯，只要学生多注意，有心改正就能做好。

最后，坚持勤奋学习也很重要。上面说到的一些硬性习惯需要勤奋练习才能改变，手写印刷体的训练也需要勤奋练习才能达到比较自动、快速的书写。在手写印刷体的训练上，我推荐"三步进阶"书写练习法。

No.83 什么是"三步进阶"书写练习法？

E 的困惑

我对指导学生练习手写印刷体很有兴趣，您能解释说明什么是"三步进阶"书写练习法吗？

W 的解答

首先，我们要准备好书写的练习纸。我一直坚持用与高考完全一致的书写练习纸。我在学校时给学生的书写纸，都完全按照高考的大小，甚至横线的长度、行距、行数、纸质都很接近。

其次，我们分三步给学生训练。

进阶一："描红练习"。提供四线格及浅色的字母，让学生按照规范的书写体进行熟悉模仿。

高考手写印刷体速成字帖   进阶一   描红练习

申请/求职信：好句仿写

1. I'm writing to apply for a position in your summer camp.

2. I'm writing to apply for the opportunity to ...

3. The ad is really very appealing to me, so I'm now writing to you in the hope of filling in the job vacancy.

4. I have my advantages to be a member of your team.

5. I really want to obtain this precious opportunity because ...

6. I am sure that I can perfectly live up to your expectations.

7. I do hope that I can meet your requirements.

8. I sincerely hope that my application could be favorably considered.

9. I'd appreciate it if you could give me the opportunity.

第四部分   第二节

书面表达   **作文话题：申请参加夏令营**

Dear Sir/Madam,

I'm Li Hua, a second-year high school student from China. I'm writing to apply for a position in your summer camp in Singapore. I got 7.5 for IELTS early this year, which indicates that I will have little difficulty communicating with others in an English-speaking country.

I believe this is a wonderful opportunity for me to introduce China to young people from other countries and to learn from them about their countries.

I sincerely hope that my application could be favorably considered. If more information is needed, please do not hesitate to contact me via this email.

Yours,
Li Hua

进阶二："虚线仿写"。提供一条主横线（四线格的第三条线）和一条虚线（四线格的第二条线），用虚线帮助学生固定主体字母的大小，在上面一行给出规范的书写，让学生在下面一行用同样的大小仿写出相应的内容。

进阶二　范敏仿写　　　　　　　　　　　　　高考手写印刷体速成字帖

夏令营信息咨询

Dear Sir/Madam,

　　My name is Li Hua and I am a student from China. I saw your advertisement on the Internet and I would like to attend the six-week English course you offer during my summer vacation. I am writing to ask for more information about it.

　　First of all, I'd like to know when the classes will start and how many students there will be in a class. Second, how many course hours per week will there be? Third, how much is the course? Finally, what types of accommodation will you provide? Personally, I'd prefer a quiet room where I can sleep alone. Is this possible?

　　I'm looking forward to hearing from you.

　　　　　　　　　　　　　　　　　　　　　　　Yours faithfully,

　　　　　　　　　　　　　　　　　　　　　　　Li Hua

　　进阶三："全真仿写"。仅提供一条主横线（四线格的第三条线），同样是在上面一行给出规范的书写，让学生在下面一行用同样字体仿写出相应的内容。

高考手写印刷体速成字帖　　　　　　　　　　　进阶三　全真仿写

交换中英文学习

Dear Sharon,

　　This is Li Hua. I learned from your post that you want to improve your Mandarin. I think I'm fit for it. Chinese is my mother tongue and I have been learning Mandarin for many years. So I'm quite confident that I can help you learn Mandarin.

　　Learning Mandarin takes time, so if you want to learn it well, you should spend much time practicing Mandarin every day. As the saying goes, practice makes perfect. Besides, you can also read some books in Chinese, see some Chinese films and listen to some Chinese radio programmes.

　　In your post, you say you can teach English as a reward. It is just what I want. I'm eager to improve my English. We can contact each other by video chat every night for half an hour in English and half an hour in Chinese, so that we can improve our oral speaking.

Yours,
Li Hua

　　在平时的考试和练习中，我们提供与高考一致的仿真答题卡，让学生每次都按照高考的规格书写。

　　经过实践，这种方法效果显著，也具备很好的推广性，我看到我们整个地区的学生的书写水平都在提升。

No.84 为何学生不重视复习英语考试？

E 的困惑

我发现平时学生对英语测试的态度不重视，复习不认真。有没有什么办法让学生更加重视英语的考试，提高考试的促学效能呢？

W 的解答

要想让学生更好地复习考试，我觉得要有更多的测试内容让学生可复习。

英语通常考查的是综合能力，以综合性的完形填空、阅读理解和写作题为主。很多教师在命制英语测试题时，无论是平时的单元测验还是阶段考试，这类综合性的题型都占了很大部分。

我在教学实践中，进行了考试内容的改进，收到了很好的成效。

（1）单元测验中与本单元相关的、可学的、可背的、可备的知识，占主要部分。建议其与综合性题型的比例为6∶4。

（2）阶段性考试中加入本阶段所学的相关知识。建议其与综合性题型的比例为4∶6。

（3）在高三的大部分模拟考或者月考中加入词汇、句型等可复习的题型。建议其与高考题型的比例为3∶7或者2∶8。当然，在高三的不同阶段以及针对不同目的的测试，比例可以灵活调整。我并不反对进行适量的和高考题型完全一致的仿真测试。

（4）阅读也可以规定范围！为了让学生认真对待平时的阅读练习，我主张在阶段考试的阅读测试中出一篇学生本阶段练习做过的阅读理解。为了减少学生背练习答案来应试，教师最好能够对问题进行改编，或者更换考查的题型。

可能有人会批评，这样考不出学生的能力。是的，的确不能完全准确。但是，考试不仅有检测学生能力的选拔性功能，还有反拨性功能。只要这样的考试能够促进学生平时更认真学习，只要学生三年都认真学习了，你觉得学生在高考中的成绩会差吗？

（5）写作也可以规定范围！可以在一个学段让学生专门学、写某一类的作文，然后在测试中测这类作文。这样，学生的复习就能有的放矢了。

当然，这些与学段内容相关的题目，经常是以非选择题的形式呈现的，会给教师的评卷带来更大的工作量。但是，当成效显现的时候，辛苦也是会有回报的。以前经常听教师抱怨，到了高三的模拟考前夜，学生都在复习和英语同一天考试的另外一科，没有人复习英语。其实，这真不能怪学生。可能考试前一天晚上花两个小时复习英语，并没有能够感觉能使分数提高，投入与产出不成正比。但是，当我们在考试中加入有规定范围的词汇、句子、甚至话题作文等内容后，考前的课室里就会出现大部分学生都在复习英语的"欣欣向荣"的景象。

No.85 如何布置可检测的课后作业？

Ⓔ的困惑

在教学中，我发现学生课后作业不认真完成，尤其是对完形填空和阅读理解这类选择题。这可能是因为学生的学习任务重，学习时间紧张所致。但是长此以往，必然会影响学生的学习成绩。您有什么办法解决这个问题吗？

⒲的解答

这个问题提得很好！因为考虑英语高考评分信度的需要，高考将较多的分值设置成了选择题的形式。目前，学生备考复习资料中的练习也绝大部分与高考的题型设置相同，占高考半壁江山的阅读理解和完形填空也都以选择题的形式出现。高中生，尤其是高三的学生，学业负担重，作业做不完是常态，对待选择题的作业更是会出现马虎应付的态度。一篇阅读理解，认真点儿做，花上10分钟可以；粗略一点，4～5分钟也能完成；甚至有些学生为了应付检查，用10秒就可以把A，B，C，D答案写上去了。有部分优秀学生平时也向我反映，因为作业量的压力，平时会用这种方式对待作业。那么，有哪些方法可以更有效地发挥课后作业的作用呢？

1. 布置非选择题的作业

准备要进行课堂检测的单词背诵、写作文、句子翻译、书写练习、生词抄写等作业形式，可以相对有效地防止学生对作业偷懒。

2. 对课后作业进行有效的检测

（1）让学生讲题。教师可以在课堂上随机抽查学生对前一天的课后完形填空或阅读理解题作业进行解析，讲解做题的过程和选择某个选项的理由。

（2）布置做题后的拓展活动。在学生做完选择题后，教师可以布置学生查阅3个生词的英文解析、例句、词块搭配等，找出1个或2个长难句进行翻译，摘录10个自己喜欢的词汇或者表达，等等。

（3）进行检测。教师可以在课堂上把学生前一天课后做的完形填空题重新投影出来，但是不提供选项。学生需要朗读文章，并且自行把所缺的单词补全。这样可以检测学生课后是否认真完成作业。

3. 指导学生养成良好的写作业习惯

（1）学生做完作业后要核对答案，弄清楚错题，找出问题，咨询老师，或在课堂上提问。

（2）教师要检查学生做作业的痕迹，建立学生作业完成质量档案袋，给学生的作业完成痕迹评分，尤其是阅读理解选择题，一定要让学生在文章找到解题根据并画线。下面这张图是九江中学王美玲老师提供的学生做作业的痕迹图。

阅读理解做题痕迹图

在上图所示的阅读理解做题痕迹图中，学生把阅读语篇中的重点词汇及词块都查实并标注了中文；学生对词汇can的一词多义进行了查阅，并把与解题相关的重点句子加了下划线，以便重点研读。

在下图所示的短文改错痕迹图中，学生对一些重点的语法现象做了标记和补充。这说明该学生在用心完成作业，并且尝试自己分析解决问题。

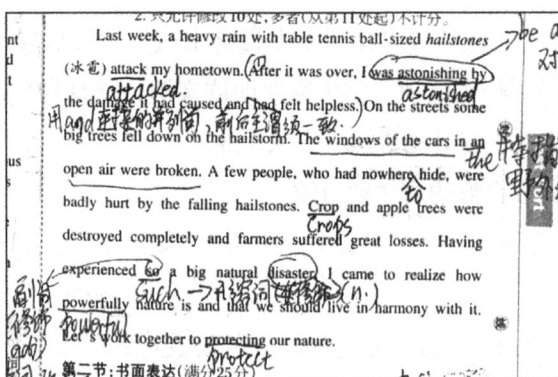

短文改错痕迹图

（3）教师应该多向学生灌输正确的作业观。很多学生因为作业不是高考题型，就不认真对待。教师不能因为学生不认真对待就放弃让学生做更加有效的作业，而要更加耐心、重复强调，让学生形成正确的作业观，养成良好的作业习惯。只要学生感受到了这类作业带来的实惠和成效，就能更好地配合和跟从教师的步伐了。

No.86 如何发挥过程性评价的效果?

E 的困惑

尽管《新课标》在理论层面提出进行过程性评价,但是在实际操作中却难以落实、流于形式,或者是看不到过程性评价和最后高考成绩的关系。有没有什么解决的办法呢?

W 的解答

高考是高利害的考试,对于学生、家长、教师以及学校、教育行政部门、政府部门都是如此。因此,抛开这一切利害关系主体所谈的任何评价都是空谈。

但是,过程性评价又的确是有用的东西,因为学生学习的过程做好了,必然会促进最后结果的提升。我在这里谈几点想法。

1. 过程性评价的内容一定要有利于促进终结性评价结果的提升

我们不能为了过程性评价而进行过程性评价,要研究哪些是有用的评价,评价的比重占多少才更合理。

2. 过程性评价必须是公平的、可以量化检测的

评价既要保证学生之间的公平性,又要保证班级之间的公平性。当过程性评价直接涉及高考成绩时,还需要考虑学校及地区之间的公平性。

3. 除了口语考试外,我再给出几种过程性评价的方式以供参考

(1)专门在大考或者期末考中,留出10分作为平时成绩。平时成绩同层次的班级平均分相同，由班级科任教师来确定本班学生的得分，以促进学生平时的学习积极性。例如，可以把听写的成绩、作业的成绩、课堂的参与程度等列为平时成绩的依据。假设学生平时都认真听写和做作业了，三年下来，学习效果理应会更好。

（2）把平时做过的阅读题，直接抽取一篇，最好是保留文章、改编题目，直接用在考试中。这样，学生平时做作业将会更加用心，进而认真地去理解文章。

这些操作方法我在教学及管理中已经实践过，建议有想法的读者和教师可以大胆去尝试。

【备注】此处提到的过程性评价与终结性评价或许与普通意义上的有所不同。这里的过程性评价并不是要纳入高考录取的评价，终结性评价也不仅仅是指高考。终结性评价与过程性评价的概念是相对而论的。任何一次学生认为对自己有较大关系的考试（或者其他评价方式），都可以看成是一次终结性评价；比这次终结性评价更小的其他过程中的评价，都可以看成是本次终结性评价的过程性评价；而这次终结性评价也有可能成为另外一个终结性评价的过程性评价。例如，某学生十分希望自己能在期中考试排名全班第一，因为他和其他同学有一个赌局。那么，这一次期中考试就是他的终结性评价。期中考试前的单元测验、日常作业等就是这次终结性评价的过程性评价。但是，学期末的考试，学校会进行排名，那么刚才提到的期中考试就成了期末考试的过程性评价。

No.87　如何组织一次有效的英语测试？

⊞的困惑

考试后，对于不认真复习，考得不好的学生，您一般有什么要求？教师又该如何顺利组织一次有效的英语考试呢？

W的解答

一次考试的作用远远不止考试的2小时本身，从学生考前的复习到考后再学习过关，这是一揽子的操作。只有将考前的每个环节都充分做好，才能充分发挥一次考试的作用。因此，考前复习、考试动员、考试组织、阅卷、成绩反馈、补考落实等这些环节都要认真做好。

1.考前复习指引

每次考试必须有相当一部分的内容是学生可以复习准备的，是本阶段课堂所学习的内容，不能因为英语高考考综合能力，平时的测试每次也考综合能力。

2.考前动员

科任教师或者备课组长在考前要跟学生说明白考试的意义、纪律要求及过关要求，通常备课组长在全年级广播讲话的效果更佳。

3.成绩反馈

考后，年级或者班级需要对考试情况进行公布表扬。可以采用宣传栏张贴或者广播的形式，同时张贴学生的优秀答卷，把学生写得好的作文印发到全级供其他学生学习。

4. 补考过关

人都是有惰性的，缺乏督促和鞭策，做事总会打折扣。因此，每次考试必须设置及格线，最好就是对不同基础的学生设置不同的及格线，不达标的学生需要进行补考。因此，命制试卷的教师每次都要同时把补考试卷也准备好。学生第一次补考不过关就让其再进行第二次补考；第二次补考不过关，通常可给一些背诵、抄写、听写之类的学习任务让其完成。

5. 组织考试

一个年级要顺利进行上述流程的考试操作，离不开全体教师的通力合作，下面附上一份供教师阅读的周测操作手册，以供参考。

附文

高三英语下学期周测操作手册

以下所有工作由当次负责命题的教师组织落实，另有说明除外。

一、命题

1. 在每周星期三前完成命题和审题，星期四交油印室印刷。（如果需要备课组长审题，请提前一周上交。）

2. 周五到教务处领取答题卡。

3. 周五到油印室领取作文纸到办公室。

4. 周六到油印室领取试卷到办公室。

5. 试题需要写上命题人和审题人姓名。

6. 试题要求没有科学性错误、没有模棱两可的答案，难度系数在0.6～0.66之间。

二、考试

1. 各班科代表周日晚6：15到办公室领取试卷、答题卡、作文纸。负责教师安排分发。

2. 负责教师在6：30—7：00期间在南北走廊各巡逻一次；8：00—8：30之间在南北走廊各巡逻一次。

3. 负责教师用晚听巡逻登记纸记录下违纪学生的姓名，次日交给备课组长。

4. 语法填空题在作文纸顶上的空格处做好。

5. 考号用高考考号。

三、收卷及改答题卡

1. 8：30马上收答题卡和作文。必须在8：40分把答题卡和作文纸交到5楼备课组办公室。

答题卡交给负责教师，作文纸交到本班教师桌面。

迟交的班级须点名批评。

2. 负责教师在备课组办公室等候至8：45。在此前不交卡的班级不再接收。

3. 答题卡按照完形填空、阅读理解、词汇匹配一直涂下来，中间不留空。

4. 负责教师填涂好答题卡答案，在星期一早上9：00前拿给彭老师改。

1～15题每题2分；16～35题每题2分；36～119题每题0.3分。叮嘱彭老师将三部分学生成绩分开。

四、改卷及反馈

1. 各班教师自行完成本班试卷主观题部分的批改。

2. 作文平均分要求：理平，约14；理实/文平，约15分；文实，约16分。

3. 各班教师在周二晚修10点前把成绩发给备课组长。填写格式用Excel表格。

学号	姓名	完形填空	阅读理解	词汇	语法填空	改错	写作	总分
	平均分							

请各位负责教师务必严格按照上述格式把成绩发给我，每个班用一个单独的工作表。因为，备课组长每周都需要这样处理一次数据，工作量繁重，请各位教师务必照上述格式做好。有技术问题可以相互咨询。

5. 负责教师对试题进行简要分析和小结，在周三上午下班前交给备课组长。

6. 各班教师在周三上午下班前填写好反馈表交给备课组长，交打印稿。

____班英语周测情况反馈表（一）			
	人数	姓名	描述
不交答题卡			
不交作文			
答题卡出错			

	人数	姓名	描述	
写作未完成				
作文涂改超3处				
涂改格式错误（删除只画两横）				
作文分段错误				
书写潦草				
其他异常情况				

答题卡出错：考号错涂、答案错涂位置、漏涂等。

五、测试情况反馈通报

备课组长周三晚6：30—6：40全年级进行广播通报。

内容如下：

1.年级总分前20名学生名单。

2.年级总分前300名各班人数及排名宣读。

3.平行班各班平均分文科前3名，理科前5名宣读。实验班全部读。

4.考试违纪学生点名通报批评。

5.各班考试反馈汇总通报。

6.试题简要小结。

各位教师：学生对英语本来不算重视，如果我们不认真抓，这样的周测就只是流于形式，效果也会大打折扣。周测负责教师和所有教师都很辛苦！但是，备课组长必须每周统计成绩和考试情况并进行反馈，更要广播通报，工作量很大。因此，各位教师务必按照要求在每一个时间点完成每项任务，绝对不能拖拉；每项任务要按照格式完成，否则，备课组长的工作量会大增！

请各位重视，互相理解，抓出实效。

谢谢！

No.88 如何利用"过关证书"激励学生？

? Ⓔ 的困惑

我知道，学生要学音标，但是难以落实过关；学生的课文基础知识也很重要，但是学生总不够重视。有什么办法吗？

Ⓦ 的解答

这可能是每位英语教师都会遇到的问题。我来分享一下我的操作方法——"过关证书"激励法。

首先，教师可以安排若干的模块知识，组织学生过关。例如，我们在高一年级安排了音标过关、书写过关、模块知识过关等内容。其次，在组织学生测试后，对达到过关标准的学生颁发"过关证书"。没有获得证书的学生有机会参加教师组织的补考。

在补考中，不能对学生降低标准，因为学习是三年的事情，对许多学生来说，能够到高三过关音标、书写等也是不错的成绩了。学生高一下学期或者高二分班后，不同的科任教师可以查看新分班学生已经获得的"过关证书"，掌握全班的学情，继续对不过关的学生提出学习要求。全年级的统一操作有利于学生学习的延续性，对提高学生整体的学习质量很有帮助。经过一届操作下来，我们感觉学生的读音、基础知识等方面得到了明显改善，学生高考成绩纵向比较也十分优秀。

以下分享几张"过关证书"的样本。

桂城中学2014届学生英语
过关证书

_____ 同学：

经过努力，你已经达到了 <u>**音标**</u> 过关的要求，现予以过关。特发此证，以资鼓励！

过关日期：_____ 年 _____ 月 _____ 日

教师签名：_____

桂城中学2014届英语备课组

（请将此证贴在《轻松过关》封面背后，妥善保存）

桂城中学2014届学生英语
过关证书

_____ 同学：

经过努力，你已经达到了 <u>**模块一基础知识**</u> 过关的要求，现予以过关。特此鼓励！

过关日期：__2011__ 年 __12__ 月 __1__ 日

教师签名：_____

桂城中学2014届英语备课组

（请将此证贴在《轻松过关》封面背后，妥善保存）

桂城中学2014届学生英语
过关证书

_____ 同学：

经过努力，你已经达到了 <u>**书写**</u> 过关的要求，现予以过关。特发此证，以资鼓励！

过关日期：__2012__ 年 __3__ 月 __15__ 日

教师签名：_____

桂城中学2014届英语备课组

（请将此证贴在《轻松过关》封面背后，妥善保存）

桂城中学2014届学生英语

过关证书

_____ 同学：

经过努力，你已经达到了 <u>**模块二基础知识**</u> 过关的要求，现予以过关。特此鼓励！

过关日期：__2012__ 年 __3__ 月 __31__ 日

教师签名：_____

桂城中学2014届英语备课组

（请将此证贴在《轻松过关》封面背后，妥善保存）

No.89 如何利用广播公布学生的考试结果？

E 的困惑

做事有了动力，一切都好办。如何有效地激发学生的学习动力？

W 的解答

如何有效地激发学生的学习动力？这是一个很大的问题，因为方法多种多样；这也是一个很难的问题，因为要改变一个人是世界上非常困难的事情；这可能也是一件很简单的事，因为无数的教育工作者想过、用过多种行之有效的激励方法。

下面我就介绍我们在年级统一考试后，利用广播系统，公布奖惩来激励和鞭策学生的做法。每次考试后，作为备课组长，我会汇总全年级的成绩，利用零碎的时间，广播通报学生考试情况。看看下面的广播样本，相信大家就都能直观地了解操作方法了。

附文

桂城中学高一英语第一次段考表彰

班级团体奖

一等奖	高一（19）班		
二等奖	高一（20）班	高一（10）班	高一（11）班

三等奖	高一（13）班	高一（12）班	高一（9）班
	高一（15）班	高一（14）班	

班级团体奖励=平均分+级前200名加分。

级前200名加分奖：按各班在级前200名的人数，第1名的班级加10分，第2名加9.5分……第20名加0.5分。

年级前100名

第1名	高一（16）班梁倩昕93分	第1名	高一（19）班张嘉莹93分
第3名	高一（10）班陈永稳92.5分	第3名	高一（17）班王永焜92.5分
第5名	高一（12）班王子轩92分	第5名	高一（15）班谭德志92分
第5名	高一（19）班康凯辉92分	第8名	高一（11）班杨美珍91.5分
第8名	高一（14）班李婉琪91.5分	第8名	高一（19）班王永鑫91.5分

…… ……

（91～86分）

高一（1）班　何颖芝　马骏伟　冯冠星

高一（2）班　王飞飞

高一（3）班　陈炳恒　郭信宏　潘淑玲　熊嘉雯　朱丽英

高一（4）班　冯庆佳　黎永坤　谭淑梅　吴思华　叶浩文　张　毅

高一（5）班　黄婉君　彭嘉润　袁紫琪　张嘉琪　招倩如

高一（6）班　冯培慧　叶舜源　叶耀铿

高一（7）班　张志美　周颖乔

高一（8）班　郭浩锦　吴颖琪

高一（9）班　陈雪韵　孙欢欢　张锦如　朱华冰

高一（10）班　邓倩昕　何健汾　何婉莹　江慧莹　李强彬　林结桃

高一（11）班　陈颖仪　崔健琨　刘葵凤　毛嘉欣　彭锦云　吴晓惠

高一（12）班　邓伟文　高　瀚　关勇钊　黄小明　刘晓梅　潘款款
　　　　　　　吴奇恩

高一（13）班　高鹏程　关晓君　黄佩仪　梁蔼莹　梁荣晖　沈倩君
　　　　　　　吴嘉宜　杨晓彤

高一（14）班　何绮琳　黎燕烽　梁思孝　罗伊婷　邵颖茵　魏绿苗

高一（15）班　陈晓璇　容婉霞　颜秋霞

高一（16）班　范碧珺　冯佐星　黎婉华　梁惠玲　赵艳芳

高一（17）班　陈文浩　陈蕴琪　杨小燕　张绮婷

高一（18）班　官俊祺　李　莹　吴泳欣

高一（19）班　陈　珊　杜钊霞　方文锦　梁芷瑶　庞绮雯　邱城凤
　　　　　　　叶皓然　叶蕴琳　周子豪

高一（20）班　崔艳桃　范静妍　关子晴　梁佩怡　温海婷　谢诗琼
　　　　　　　周婉怡

作文书写潦草及格式不规范名单，特以批评！

高一（1）班　××燚　××好　××康　××顺　××铖　××辉
　　　　　　××斌　××鸿　××豪　××铭

高一（2）班　……

…………

广播表扬是一种有效的激励手段，当学生听到自己的名字在全校的广播系统中回响时，感觉一定很棒。无论是哪个年龄的人，从牙牙学语的婴儿到满头白发的老人，都喜欢听到他人的表扬。让做了好事的名字公开，总能激励人做更多的好事。想象一下，如果所有的慈善捐款都是匿名的，慈善晚宴也没有报道之类的，我们得到的捐款数额必定少得多。

同样，在红绿灯处安装了摄像头，交通违章现象就会明显的减少；校园内安装了摄像头，各种不文明的现象就能得到很好的控制。我们不讨论"人性本善还是性本恶，人是否有利他主义"等高深的哲学问题，我们可以从一件事情或方案能够带来的真实效果来评价其有效性。

在广播批评时，请注意以下几点：

（1）在广播批评前，务必提前（尽可能开学时）并反复多次向学生说明规则。

（2）原来约定的第一次公布可以"临时取消"，改为班内批评，让学生有心理接受的过程。

（3）本班科任教师提供批评名单时，要和被批评的学生沟通。如果学生的确不愿意公开，可以通过其他的学习内容，例如，让其背诵小短文来进行交换，这对学生的学习也会有很好的促进作用。

（4）如果不能年级统一操作，在本班采用各种小表扬和小处罚也是十分有效的措施。最后，再次提醒，批评学生要谨慎，需要在双方承认、接受规则的前提下进行。

No.90 如何争取应有的学科学习时间？

?(E)的困惑

在高三，个别领导认为英语多花时间也没有用，成绩提高也不显著，且总是在减少英语学科的学习时间。这怎么办才好？

(W)的解答

的确会经常遇到这种情况，除了你说的"领导认为英语多花时间也没有用"这个原因外，往往个别领导还会认为"英语成绩足够好了，不能给这么多时间了""英语成绩比其他学科好，肯定是英语用了过多的时间"或者认为"学生总分合成不好，英语单科成绩高，肯定是英语抢占了其他学科的学习时间"。

我认为，这一切说法都是不合理的。

英语的确需要坚持才能体现明显的效果，所以更不能放松。说英语"多花时间也没有用"绝对是门外汉的说法。

如果认为"英语成绩足够好了，不能给这么多时间了"，这样是会打击英语教师工作的积极性的。难道在有效的学习时间里，继续更上一层楼，打造一个优势学科不好吗？谁能保证落后科目就能补回来？谁能保证某些科目落后就是因为时间不够，而不是费时低效呢？

如果认为"英语成绩比其他学科好，肯定是英语用了过多的时间"，这样的话语是缺乏大脑思考的。是否花了过多的时间，在学生中进行问卷调查就可以了，不能凭空想象。成绩好不一定要多花时间，要讲方法、效率。

我一直坚持认为，该是英语学科的学习时间不能放松，但是也绝对不多占用学生的时间。学生成绩的提高要通过科学研究、精细规划、严格落实。

因此，当我作为年级主管领导时，我十分强调学科的平衡。只有公平对待各个学科，教师工作起来才能更舒心、更积极。话说回来，如果某学科教师能够让学生心悦诚服地做更多的学习任务，这难道不是本领高吗？其他说自己时间不够的科任教师难道不是更应该想办法提高学科的吸引力，提高学科的魅力吗？通过行政的手段照顾学科时间，这样只能说明没信心、没水平！当然，这些都是要基于学业负担调查和学生对教师教学评价调查的基础上做出的合适判断。

多年前，我做年级的英语备课组长，也遇到过类似的问题。我的做法是：向领导说道理，向学生说道理，勤于检查并落实学生的学习情况。

No.91 如何与领导沟通学科学习时间的问题？

❓Ⓔ的困惑

我很赞同您对学科学习时间的看法，但是，该如何跟领导沟通呢？

🔍Ⓦ的解答

前些年，我也遇到过类似的问题，我的做法是——算账！以下是有些班把英语科的作业时间减少时，我发给领导的信息：

按照年级的指示方针"语文、数学、英语每天50分钟，有测试当晚不布置作业"，那么英语科的时间安排应该是这样的：

1. 星期一、三、五，早读20分钟和晚上30分钟做作业。

2. 星期日、二、四6：30—7：00共计90分钟，时间相当于一个晚上的测试，如同数学星期天晚上要求的7：00—8：30的90分钟。

3. 英语科有一个晚上不安排作业。

4. 其余3个晚上英语科每晚有50分钟，共计150分钟。

我们把150分钟平均到除有早读外的另外4个晚上，每个晚上有37.5分钟。

总结，英语科在有早读的晚上，学生有30分钟做作业；在没早读的晚上，学生有37.5分钟做作业。

领导觉得如果没错的话，请向班主任和学生传达。谢谢！

另外，我也会写信晓之以理，动之以情。下面我把我几年前写给领导的一封信公开一下。

高三备考领导小组，A校长，B级长：

你们好！

在此，英语备课组向你们提几点建议，请考虑。

一、英语教师星期二、四、日晚上辅导学生做"英语高考听说考试练习"，请算教师自愿加班

2011年的英语高考正式把英语听说考试纳入高考总分，分值为15分，应该会在6月高考之前举行，具体时间没定。估计会跟往年的口语选考时间差不多，在3月份举行。15分的分值不算太大，但是听说考试全凭实力，学生没有了碰运气的成分。因此，学生之间、好的学校和差的学校之间可以拉开的差距绝不会比原来听力35分时小。再者，高考中每一分都会是制胜的关键。而且听说考试是2011年高考的第一炮，其成败和学生对考试的信心必将直接影响6月的大考。

听说训练和以往的听力训练不同。听力训练时教师不在场学生也能基本自觉练习，但是如果口语练习时没有教师在场督促的话，效果会大打折扣！

鉴于听说考试的重要性和教师督促学生练习的需要性，故学校应该想办法鼓励英语教师多下班辅导星期二、四、日晚上6：30—7：00的"英语高考听说考试练习"。而承认教师的额外的劳动，当作自愿加班，会让英语教师感到欣慰。

二、保证英语的听说考试练习时间

"英语高考听说考试"的重要性上面已经谈及，因此，请学校保证星期二、四、日晚上6：30—7：00的英语听说训练时间。一方面，就像往常的听力训练一样，"英语高考听说考试"也是相对独立的体系，需要独立的时间。另一方面，学校需要我们与之竞争的几所学校（如CD中学、EF学校、GH中学等）都有相应的训练时间保证。我们难道比别人少用时间就可以与其竞争吗？

听闻一些班主任说，年级要试行星期二、四、日晚上英语除"听说训练"外，只有10分钟的作业量，我们绝对不敢认同这种观点。这样的做法对英语学科的打击是毁灭性的。是否会对高考产生影响，请领导定夺。

既然和我们竞争的对手都能保证英语"听说训练"的时间，我们也应该做到，星期二、四、日晚上的英语作业时间应该和其他晚上的一样。因为我们的竞争对手也是这样操作的。

…… ……

三、培养英语学习意识，尤其是理科英语

英语本来就是一个需要积累的科目，学习的见效速度不像理科。数学这几天学好了"概率"这一章，可能考试出到"概率"的题目，就可以马上拿下这部分的分数。文综也是一样，学了这一章节的书，就可以解决相关内容的问题。而英语考查的是整体的知识，学习一个星期，乃至一个月，可能不见太大的成效。唯有坚持相当长的时间，才有质的发展。很多学生就是因为这个原因，对英语的学习不重视，上课也在做其他科的题目。

我们经常跟学生说：人要有远瞻性。不能像海洋馆的海豚一样，游了一圈需要马上有一条鱼作为奖赏。人是可以为着一个更长远的目标和理想而努力的！在看不到即时的果实和进步的时候仍能坚持，才是成功人士和普通人的区别。

一些学生是目光短浅的，但是我们相信领导是高瞻远瞩的。

2010届高三的一模，我校理科班英语学科的上重点模拟线的人数只有50多，而其他科目都有100多人，造成理科上重点模拟线的人数不理想。看到这个成绩，学校领导、班主任、学生都重视起英语。高考理科班和文科班的英语基本没有差别。理科的上重点模拟线的人数也达到100多。这是否是上届高考理科取得好成绩的原因之一呢？

2010届高三（N）班在佛山一模、广州一模和佛山二模三次重要的模拟考中英语成绩都是年级第一，明显领先于其他班级。该班为理科转文科的班级，但可能是最后主要集中于综合科的学习，忽略英语科的学习，结果高考该班的英语沦为中下，比第一名落后了6分。不知道这6分的差距是否会对该班高考的结果产生影响？

因此，希望级组领导多向学生宣传英语学习的重要性，并在意识上真正认识到其重要性，在实际行动上予以支持。

以上建议请领导考虑，盼复！

谢谢！

高三英语备课组

2010年9月1日

No.92　如何开展听力巡查?

❓Ⓔ的困惑

学生在晚修自主练习听力时间不认真，怎么办?

🔨Ⓦ的解答

学生不认真是正常的，哪怕我教的在同龄人中名列前30%的学生也有相当一部分是如此。我在平时的晚修听力巡查中发现，部分学生在做其他科的作业，一部分学生在讲话，一部分学生连听力材料都没有拿出来。如果不加以管理，这部分不认真的学生可以占到全班20%～50%! 有关对学生的管理，我有如下看法:

一是要做好学生的说服教育，让学生意识到学习的重要性，认真完成训练任务。二是要加强约束和管理，形成严明的纪律作风，让整体良好的风气影响和带动一些不自觉的学生。

我们学校的课室有双走廊，值班的教师可在南北走廊各走一次，在窗外观察学生的训练情况，把观察到的不认真训练的学生登记下来，以待后续教育。由备课组英语教师轮值，巡查20个班级，每天安排1位或者2位教师，通过分工合作，大家的工作都能变得更轻松。

至于被登记到对违纪同学的后期教育方式，我想很多教师都经验丰富。我认为，任何的教育或者惩罚方式，都需要预先约定，而且进行模拟后再真正实施，之后就要一直执行下去。有时也可以采用广播批评的方式，比较简单直接。开始时不能直接点名批评，可以只说明班级及座位坐标。如果必须点名，务必在班上问下有没有学生确实不想被广播点名的，以及了解有没有心理状况不佳的学生。其实，对正常的高中生，这种方式都是可以接受的，在有一定警醒作用的同时，也不会让学生觉得很丢脸。

下面附上一份教师轮值表和巡查登记表供参考。

听力巡查教师签名表

(2013年8月7日至2014年1月15日，每人巡查四次。要求左右两边走廊各巡查一遍)

日期	星期	巡查教师签名	日期	星期	巡查教师签名
2013年8月7日	三		2013年11月1日	五	
2013年8月9日	五		2013年11月6日	三	
2013年8月14日	三		2013年11月8日	五	
2013年8月16日	五		2013年11月13日	三	
2013年8月21日	三		2013年11月15日	五	
2013年8月23日	五		2013年11月20日	三	
2013年9月4日	三		2013年11月22日	五	
2013年9月6日	五		2013年11月27日	三	
2013年9月11日	三		2013年11月29日	五	
2013年9月13日	五		2013年12月4日	三	
2013年9月18日	三		2013年12月6日	五	
2013年9月20日	五		2013年12月11日	三	
2013年9月25日	三		2013年12月13日	五	
2013年9月27日	五		2013年12月18日	三	
2013年10月4日	五		2013年12月20日	五	
2013年10月9日	三		2013年12月25日	三	
2013年10月11日	五		2013年12月27日	五	
2013年10月16日	三		2014年1月1日	三	
2013年10月18日	五		2014年1月3日	五	
2013年10月23日	三		2014年1月8日	三	
2013年10月25日	五		2014年1月10日	五	
2013年10月30日	三		2014年1月15日	三	

高三级晚听情况登记表

时间：_____年_____月_____日　星期_____　巡查教师：_____

从高一方向数起（南面走廊），不认真完成听力的同学

班：第　列	第　位，姓名
班：第　列	第　位，姓名
班：第　列	第　位，姓名
班：第　列	第　位，姓名
班：第　列	第　位，姓名
班：第　列	第　位，姓名
班：第　列	第　位，姓名
班：第　列	第　位，姓名
班：第　列	第　位，姓名
班：第　列	第　位，姓名
班：第　列	第　位，姓名
班：第　列	第　位，姓名
班：第　列	第　位，姓名
班：第　列	第　位，姓名
班：第　列	第　位，姓名
班：第　列	第　位，姓名
班：第　列	第　位，姓名
班：第　列	第　位，姓名
班：第　列	第　位，姓名
班：第　列	第　位，姓名
班：第　列	第　位，姓名
班：第　列	第　位，姓名
班：第　列	第　位，姓名

从高二方向数起（北面走廊），不认真完成听力的同学

班：第　　列	第　　位，姓名
班：第　　列	第　　位，姓名
班：第　　列	第　　位，姓名
班：第　　列	第　　位，姓名
班：第　　列	第　　位，姓名
班：第　　列	第　　位，姓名
班：第　　列	第　　位，姓名
班：第　　列	第　　位，姓名
班：第　　列	第　　位，姓名
班：第　　列	第　　位，姓名
班：第　　列	第　　位，姓名
班：第　　列	第　　位，姓名
班：第　　列	第　　位，姓名
班：第　　列	第　　位，姓名
班：第　　列	第　　位，姓名
班：第　　列	第　　位，姓名
班：第　　列	第　　位，姓名
班：第　　列	第　　位，姓名
班：第　　列	第　　位，姓名
班：第　　列	第　　位，姓名
班：第　　列	第　　位，姓名
班：第　　列	第　　位，姓名
班：第　　列	第　　位，姓名

No.93 如何利用自制校园报纸辅助教学?

⒠的困惑

在教材中,一些新闻时事类的素材容易过时。一些教材在编写时是"将来时"。过了一段时间,在使用过程中就变成了"过去时"。面对这种情况,有什么解决办法呢?

Ⓦ的解答

这种情况的确经常会遇到,教材需要有新闻时事类的内容,但是教材的修订不可能过于频繁,所以这类内容确有容易过时的现象。例如,2004版的北师大《高中英语必修4》Unit 11 Lesson 1 World News选取了两则2005年7月5日和6日的新闻,讲述了G8峰会和伦敦赢得奥运会举办权的时事。第一则新闻里面用了不少将来时,第二则新闻讲到的新闻内容也已经失去了新鲜感。尽管,学生可以假设自己穿越回到2005年看着新闻,并且脑补一下当时的情境,但作为资讯发达的年代,这样的做法是不能达到师生的要求的。以下附上课文的原文。

课文原材料

Africa on G8 Agenda

July 5, 2005 , Scotland

The Group of Eight, or G8, was formed by eight of the world's wealthiest nations in 1998. The G8 is made up of political leaders from France, the United States, Britain, Germany, Japan, Italy, Canada and Russia. They meet every summer to discuss major problems that concern the whole world.

It is going to be remembered as a historical meeting. This year, the topic of Africa will be discussed in detail. Widespread poverty there means that many people cannot get the water, clothing, housing, electricity or education they need. AIDS is another problem of great concern so sex education and health care administration are extremely important.

Reforms have been demanded by people from all over the world. They want the leaders to cancel the debt of Africa's poorest countries so that the problems there can be prevented from getting any worse. Their belief is that this is the only way for many of these nations to escape their painful pasts.

London Wins

July 6, 2005 , London

At 12：45 UK time today, the name of the host city for the 2012 Olympic Games was being announced by the International Olympics Committee （IOC） in Singapore. It was London.

London's name had been announced twice before, in 1908 and 1948, so it now has the distinction of being the first city to host the event three times. Applications to host the games had also been made by Moscow, Madrid, New York and Paris. In the end, it came down to a choice between Paris and London.

The news is being celebrated by the crowds in the streets. Cheering people can also be seen everywhere: in pubs, homes and offices all over London. Prince William, who is now in New Zealand, said he was delighted that the 2012 Olympic Games would be held in London and he was looking forward to the Games.

南海中学分校邓佩芳老师在2017年讲授这一课时，把这两篇文章改写成2017年发生的新闻Africa on G20 Agenda和Paris Wins。以下是改写的版本，改写后的文章既保持了课文原有的词汇和语法知识，又增强了时事新鲜性。

Africa on G20 Agenda

Hamburg hosted the twelfth G20 Summit. Issues around the world were discussed, especially the problems in Africa.

The G20 was formed by quondam G8 and other twelve major economies in 1999. The G20 is made up of political leaders from China, Australia, Brazil, Canada, France, Germany, Italy, Russia, South Africa, the United States, and other ten nations and groups. They meet every year to discuss major problems.

It is going to be remembered as a historical meeting this year, as the topic of Africa will be discussed in detail. Widespread poverty in Africa means that many people there cannot get the water, clothing, housing, electricity or education they need. AIDS is another problem of great concern so sex education and health care administration are extremely important.

Reforms have been demanded by people from all over the world. They want the leaders to cancel the debt of Africa's poorest countries so that the problems there can be prevented from getting any worse. Their belief is that this is the only way for many of these nations to escape their painful pasts.

Paris Wins

At 1：00 am, the name of the host city for the 2024 Olympic Games was being announced by the International Olympics Committee （IOC）in Peru. It was Paris. Paris' name had been announced twice before, in 1900 and 1924, so it now has the distinction of being the second city to host the event three times.

Applications to host the games had also been made by Hamberg, Rome, Budapest and Los Angeles . In the end, it came down to a choice between Paris and Los Angeles. Los Angeles, at the same time, was announced to be the host city for the 2028 Olympic Games.

The news is being celebrated by crowds in the streets. Cheering people can also be seen everywhere: in pubs, homes and offices all over Paris. Anne Hidalgo, the mayor of Paris, said she was delighted that the 2024 Olympic Games would be held in Paris and she was looking forward to the Games.

邓佩芳老师还结合学生班级内的两则新闻，制作了精美的报纸。以下是报纸精美的版面，这样的课堂教学学生怎能不喜欢？！当然，制作这样的材料需要花费很多的精力。一方面，学校科组的教师可以加强合作；另一方面，可以发挥学生的力量。这样的材料一旦做好，每一位教师都可以使用，而且能够年年相传。值得一提的是，教师在制作的时候，应该注意内容的正确性。

NANFEN ⬡ WEEKLY

Max 33°C
Min 24°C

No 0000011 | Tuesday October 10 2017 | nhzxfx.nhedu.net | SINCE 2017

Campus News

Our Hero: "Black Wood"

Last night, Lu Huojun from Senior Two Class 5, whose nickname is "Black Wood", saved a student who carelessly fell down because of the slippery floor on the second floor of the Science Building.

Lu was on his way to the dormitory after

Save A Fallen Off Student

the self-study classes at night when he happened to see a student falling down. Lu swiftly helped the student to his feet, and sent him back to the dormitory.

The student, Deng Hanlin, later expressed his thanks to Lu, and said, "Thanks to Lu, I didn't hurt myself and went back to the dormitory safe and sound." When asked how he would like to comment on his good deed, Lu said it was his duty to help others.

70 Yuan for a Bowl of Wonton?

At lunchtime, a worker in the canteen priced a bowl of wonton 70 yuan by mistake, which was supposed to be 7 yuan in fact. However, when she noticed it, the student had paid for the food and gone.

HOLD ON

The worker said, "I was too busy and just wanted to enter the price as soon as I could. When I double checked, to my surprise, I entered 70 instead of 7! I must have lost my mind!"

Now the canteen officers are trying to find out the student that paid 70 yuan for the wonton.

World News

Africa on G20 Agenda

Hamburg hosted the twelfth G20 Summit. Issues around the world were discussed, especially the problems in Africa.

Group of Twenty Finance Ministers and Central Bank Governors, or G20, was formed by G8 and twelve major economies in 1999. The G20 is made up of political leaders from China, Australia, Brazil, Canada, France, Germany, Italy, Russia, South Africa, the United States, and other ten nations and groups. They meet every year to discuss major problems.

G20 GERMANY 2017
HAMBURG

It is going to be remembered as a historical meeting this year, as the topic of Africa will be discussed in detail. Widespread poverty in Africa means that many people there cannot get the water, clothing, housing, electricity or education they need. AIDS is another problem of great concern so sex education and health care administration are extremely important.

Reforms have been demanded by people from all over the world. They want the leaders to cancel the debt of Africa's poorest countries so that the problems there

can be prevented from getting any worse. Their belief is that this is the only way for many of these nations to escape their painful pasts.

A Bomb Hit London

A bomb hit Central London during this morning's rush hour. It exploded on a London Underground line.

ISIS claimed to be responsible for the incidents and police are already collecting evidence.

Scan QR code to get more information

Paris Wins

At 1:00 a.m., the name of the host city for the 2024 Olympic Games was being announced by the International Olympics Committee (IOC) in Peru. It was Paris. Paris' name had been announced twice before, in 1900 and 1924, so it now has the distinction of being the second city to host the event three times.

Applications to host the games had also been made by Hamberg, Rome, Budapest, Los Angeles and Paris. In the end, it came down to a choice between Paris and Los Angeles. Los Angeles, at the same time, was announced to be the host city for the 2028 Olympic Games.

The news is being celebrated by crowds in the streets. Cheering people can also be seen everywhere: in pubs, homes and offices all over Paris. Anne Hidalgo, the mayor of Paris, said she was delighted that the 2024 Olympic Games would be held in Paris and she was looking forward to the Games.

报纸版面

No.94 如何利用视频辅助教学？

❓ Ⓔ 的困惑

在作文教学中，有没有一些好的引入方法？

🧑‍🏫 Ⓦ 的解答

南海执信中学程丽娟老师在2017年的一节写作课中利用学生自制视频的教学方式很有参考价值，现与大家分享。

本课的教学内容是有关投诉信的写作。教师设计的一个情境是：李华在网上买了一台手机，但是收到的手机却货不对板。教师通过学生自己拍摄的视频，介绍了"收到快递—心情兴奋—发现货不对板—电话投诉被拒"的简短过程。这样，写作的背景就用学生自导自演的视频形式被鲜活地呈现了出来。以下是本段1分10秒视频的剧本。

> （学生开门。）
>
> 快递员声音：Hey, your package!
>
> 学生：Thank you! Bye!
>
> （关门，兴奋地手舞足蹈。）
>
> I bought an iPhone 7 from Taobao the other day! And now! I get it!!!
>
> （打开包装。）

Ah! What?! An apple phone?!!! And it's white! I hate white!!! Oh! I'll call the shop owner!

（拿起手机打电话。）Hey! I bought an iPhone 7 in your shop, but you gave me an apple phone! I chose the golden color but you gave me the white! You must replace it or give me a refund!（对方电话挂断）Ah! What? Hang up? OK, I will call again.

（对方电话声音。）The number you dialed is out of service.

这样一个自制小视频的引入，既可以起到引出写作任务的作用，又活跃了课堂气氛，还能给表演的学生极大的鼓励。下面是几张视频截图。

视频截图

No.95　如何用VOA新闻视听材料辅助教学?

E的困惑

VOA新闻是非常好的英语学习材料，我在读高中和大学时就对其非常感兴趣。现在作为教师，我也想利用这些材料帮助我的学生提高英语听力水平。不知道您有没有一些好的做法呢?

W的解答

VOA新闻英语对外语学习者来说的确是绝佳的学习材料，我的外语学习也从中获益匪浅。不过，那时还没有MP3、MP4播放器和智能手机，互联网也还没有普及。要听实时新闻和音频只能靠短波收音机和录音带。想起那时每天带着收音机坐在校园广场的某张椅子里，或者在花园中漫步时收听VOA新闻节目的情形，感觉似乎有点浪漫色彩。不过，那可不是刻意追求的浪漫。为了反复听某一句话，只能采用"倒带"——按动录音机的"后退"按钮，估计着时间和距离，让录音机在恰当的时候停止。

VOA慢速英语（适合高中生学习），作为英语的学习材料，我认为有以下几方面的优点：①语言地道；②减慢语速，适合初学者；③有新闻和评论，可进行有意义的学习。现在，我们能够很方便地获得VOA慢速英语的音频、视频及文字材料，当然还能很方便地观看这些材料的媒介。

下面介绍几种VOA慢速英语的学习或教学方法。

1. 跟读模仿法

媒介：VOA慢速视频，配字幕。

操作方法：逐句停顿，学生看字幕模仿—不停顿，学生边听边读—逐句停顿，学生不看字幕跟读—学生只看字幕，模仿播音—教师适时组织配音比赛。

2. 讲解法

媒介：VOA慢速英语文本和音频。

操作方法：教师帮助学生学习生词（推荐英文析义法）—学生阅读理解，加以练习检测—话题口头讨论—话题延伸写作。

3. 听写法

媒介：VOA慢速英语音频（推荐实时新闻类素材）。

操作方法：教师帮助学生学习个别生词—整体不停顿地让学生听一遍—逐句停顿，留时间给学生做记录（根据实际可以听2～3遍）—整体不停顿并检查一遍—学生相互批改。

4. 话题辩论法

媒介：VOA慢速英语文本，录音、视频。

操作方法：选取可辩论的话题，如"Printed textbooks or digital textbooks""Starting school late or early"等，给学生充分的时间在课堂或课后进行准备，然后组织学生进行辩论。

5. 新闻制作法

此方法不纯属于学习VOA慢速英语的内容，而是由学习新闻英语而诞生的一个想法。教师可以布置学生自行创作新闻文本或者视频，参加评比，或者与同学分享。

最后，特别提醒各位读者教师，在使用VOA材料时，一定要注意选材内容是否符合我国社会主义核心价值观。

下面附上我曾经给学生的学习材料以供参考。

Lesson 1

When a Textbook Is Online, Not on Paper

This is the VOA Special English Education Report.

Electronic books have changed the way many people read for pleasure. Now online textbooks are changing the way some students learn and some teachers teach.

More than one hundred seventy-five thousand students attend the public schools in Fairfax County, Virginia, outside Washington. Last year, the school system used digital books in fifteen schools. This school year, middle schools and high schools changed from printed to electronic textbooks in their social studies classes.

Luke Rosa is a history teacher at Falls Church High School. His students work on school laptop computers. He explains the idea to them in this way.

LUKE ROSA: "I mean, it's just like a regular textbook, except it's got it all online."

Peter Noonan, an assistant superintendent of schools, says with electronic textbooks, publishers can quickly update the content with the latest information.

PETER NOONAN: "The world's changing consistently, and the online textbooks can change right along with the events that are happening."

"Digital books also cost less than printed textbooks," he says.

PETER NOONAN: "Usually it's in the neighborhood of between fifty and seventy dollars to buy a textbook for each student, which adds up to roughly eight million dollars for all of our students in Fairfax County. We actually have purchased all of the online textbooks for our students for just under six million dollars."

So what do students think?

MELANIE REUTER: "I don't have to carry a textbook around, so that's nice."

MARIA STEPHANY: "I don't like it because the Internet sometimes, it's like, doesn't work."

BRIAN TRAN: "You can highlight your work. You can leave notes on your work and it'll all be saved onto your account. It's a lot better than a regular textbook."

Social studies teacher Michael Bambara says the e-book he uses in his government class is better than a printed textbook. He likes the way it has materials for students with different levels of reading skills.

MICHAEL BAMBARA: "Particularly this book, that I use in government has differentiated reading levels. So a person can individualize their learning and I can individualize their instruction."

But the students also need access to the Internet when they are not at school. About ten percent of students in Fairfax County do not have a computer or online access at home. Stephen Castillo is one of them.

STEPHEN CASTILLO: "Pretty much I go to, like, the library, I guess, or go to a friend's house."

Public libraries in the county have free Internet. There are also after-school computer labs as well as computer club houses supported by the county. Middle school student Slieman Hakim is happy about that. He says his family has to share a single computer at home.

SLIEMAN HAKIM: "All of my family works on a computer. My sister and I both do our homework on it. So I come here to do my homework. It's good."

Other school systems in the area are also considering online textbooks. In Prince George's County, Maryland, a survey showed that sixty percent of students have computer access at home. Curriculum Director Gladys Whitehead says an e-book test project is being planned.

GLADYS WHITEHEAD: "Next year we will just have a pilot with probably one classroom and one subject area, so that we can see, you know, what issues will come up with complete online access."

And that's the VOA Special English Education Report. We have a related video at voa.com. I'm Christopher Cruise.

Worksheet

1. What is a digital book?

A. a book with paper pages you can turn

B. a book you can read on a computer

2. What is this article about?

A. textbooks that students read online

B. textbooks that students read in print

3. Complete the following sentence with the name of a school subject.

This school year, middle schools and high schools changed from printed textbooks to electronic textbooks in their _____ classes.

4. What advantages do textbooks have acording to Peter Noonan?

_____

_____

_____

5. Does Melanie Reuter like digital textbooks? Why?

_____

_____

_____

6. Does Maria Stephany like digital textbooks? Why?

_____

_____

_____

7. Who likes digital textbooks because he/she can highlight his/her work?

A. Melanie Reuter

B. Maria Stephany

C. Brian Tran

D. Michael Bambara

8. Who likes e-books because there is material for students at different reading levels?

A. Melanie Reuter

B. Maria Stephany

C. Brian Tran

D. Michael Bambara

9. Why are digital textbooks

difficult for Stephen Castillo?

_____

_____

_____

10. Why do many students go to the library to study?

_____

_____

_____

11. Speaking and Writing.

（1）What is your opinion on digital textbooks?

（2）Write 5 sentences explaining your answer.

No.96 如何组织英文课外阅读活动？

？Ⓔ的困惑

试题和辅导书的阅读材料通常比较零散、乏味，学生以做题为目的，不能真正地享受阅读，并从中受益。如何组织学生进行有效的课外阅读呢？

Ⓦ的解答

在外语环境下，阅读是促进学生提高语言能力、增强语感的有效途径。通过大量阅读，学生可以重复接触正确的语言。但是，正如你所说，学生在做试题类的阅读时，关注解题多于关注阅读篇章本身的意义。为了提高学生的阅读能力，引导学生进行非试题类的课外阅读很有必要。

下面我谈一谈课外阅读材料及阅读活动的开展形式。

1. 课外阅读材料的类型

（1）名著简写本

根据外语学习者水平改编的名著简写本，一方面在语言上适合学生水平；另一方面在思想内容上符合高中生的认知水平，能够让学生在了解小说内容的同时，接触更多的地道语言。

但是，经过简写的小说便失去了原著的原汁原味，而且学生很有可能已经看过了小说的中文版本。从这个角度讲，看简写本，学习语言的作用多于品味小说的意义。

对于小说读得不多，又想快速多了解一些名著故事的学生来说，名著简写本是很好的学习材料。

（2）原著小说

对于学霸级的学生而言，小说原著是很好的选择。除了经典名著外（通常和现代生活有一些距离），还可以选择一些现代的、流行的小说。对于中等水平的学生而言，一些现代的儿童文学作品也不错，如获得"国际大奖"的儿童文学小说，其思想性及趣味性都不错。

（3）报纸和杂志

一般是指国内专门针对不同年级英语学习者发行的报纸和杂志，文章篇幅较短，时代感强，较贴近学生生活。

（4）其他途径

教师可从网络等途径摘录学生感兴趣的文章，印发给学生阅读。

2. 组织形式

（1）课外自主阅读

只要内容足够有吸引力，学生便能够自主在课外阅读，这是最理想的状态。

（2）课堂阅读

每周可以安排1节或者半节课外阅读，教师不打扰，让学生自由默读。

（3）阅读后分享

学生阅读一篇文章或者一本小说后，与同学分享，可以选取其中印象最深的一部分内容进行分享。

（4）同读一本书

可以让学校图书馆采购同一本书，全班学生人手一本。学生读同一本书，教师就可以进行一些统一的教学活动，如内容讲解或讨论等。

（5）读后测试

可以用测试的方式促进学生阅读的落实，题型可以有阅读词汇、细节内容检测、读后续写、话题讨论等。

No.97 如何有效地利用早读?

ⓔ 的困惑

学生早读不认真怎么办? 读了10分钟就趴到桌上了怎么办? 读书声音小到听不见怎么办?

Ⓦ 的解答

早读对外语学习的重要性不言而喻,抛开"读书百遍,其义自见"这些与语言学习有关的观点,单从早读课的时间投入来看,早读课就占了学习的相当一大部分内容。一般,学校一周会安排三个早上的英语早读时间,时长由25～40分钟不等,三个早上的早读时间加起来就相当于两节课的时间了!

平时,我主要是从以下几个方面来提高早读课效果的。

1. 提高认识

用名人事迹、成功英语学习者的例子、学生身边的榜样、教师的榜样带头作用等来提高学生对早读重要性的认识。

2. 明确任务

教师可以在早读前把本节课的早读任务写到黑板上,任务可以有分层选择性。学生可以根据自己的能力来完成。

3. 丰富内容

丰富多彩的内容是吸引学生的关键,早读的内容不应该仅限于课本的单词和课文上,还可以包括学生上课的笔记、学生阅读积累的词汇和佳句、课外的美文和演讲、电影台词、歌曲等。

4. 形式多样

（1）齐读：一般放在早读开头阶段，有利于整体气氛的带动。

（2）领读：可以由学生或者教师领读。

（3）小组读：小组之间可以形成竞争，分组读也可以调节节奏。

（4）分角色读：对一些对话形式的文本、电影对白等，可以让学生分角色读。

（5）自由读：学生可以根据自己的进度和习惯，安排自由朗读；教师可以根据学生实际，安排不同程度的自由朗读时间。

（6）速度读：可以一边放录音，一边让学生跟着录音的速度朗读；也可以限定一定的时间，让学生朗读完某部分的内容。

（7）教师带读：教师的参与不仅可以帮助学生降低朗读的难度，还能起到很好的表率作用。

（8）朗读注意事项：朗读的时候不一定要限制学生坐在座位上。学生可以站起来，可以在教室内走动，可以到教室外的走廊，可以和同学互相检测。当然，这些形式要在教师能够掌控的基础上开展，不能变成学生放松或者相互聊天的借口。建议可以在把整体风气带起来之后，再逐步开放。

5. 评价激励

登记学生个人或小组在早读课的表现积极度、背诵任务的完成度等，评选"早读之星"；在班上张贴大的登记表，让学生能够时刻看到自己和其他同学的学习状态，形成你追我赶的良好风气。

No.98 如何开展分层教学?

？Ⓔ的困惑

分层教学能够给不同的学生以不同的指导和要求，但是操作起来却比较麻烦，您有没有好的做法呢?

Ⓦ的解答

我们首先需要探讨的不是如何开展分层教学的问题，而是应不应该进行分层教学的问题。支持者认为这是因材施教，孔子早在2000多年前就提出来了；反对者认为被分到低层的学生会产生自卑心理。我自己也亲身经历过，因为建议一名学生脚踏实地，定一个更加接近自己的目标，而被家长投诉到校长处。

这两方面都有道理，分层教学存在利弊。不过，上述提到的优点和缺点并不是绝对的，是因人而异的。说因材施教，其不好的方面是减少了向更优秀同伴学习的机会；说会使学生自卑，其好的方面是用激将法激发学生的斗志。

分层教学确实会遇到社会舆论的压力。不少家长千方百计让孩子上一个生源更优的学校，去学校里的实验班，哪怕自己的孩子成绩远远达不到标准。当然，的确存在有部分学生在更优秀同伴的引领下发奋图强、奋力追赶、超越自我的情况，若把这部分学生分到低的层次，就是一种错误了。与家长的意愿形成对比，倒是有不少学生不太愿意选择"凤尾"。某年学生升级分班，学校在调查表中给了这样一个选项，"假如我的分数达到了实验班的要求，我仍然选择不去实验班"，有相当多的学生勾选了这个选项。

其实，在班内学科教学的分层并不存在这么多的考量，因为学生还在同一个班级，听着同样的内容。只要教师给予学生选择的权力，让学生自己选择是否到低水平的层次，只要学生接受适合自己的要求和指导就可以了，不要根据成绩一刀切。

下面我就谈谈学科班内分层教学的一些实践方法。

1. 分层教学的操作方式

（1）同一课时，学生在同一教室，教师分不同的时间讲授不同层次的内容。这样虽然不需要另外找场室，但是不同层次的讲课对学生干扰大。

（2）如果有一间空课室，可以把学生分成两个层次，每层次的学生各上半节课，其余半节课安排内容给学生自己学习和消化。这种操作使得学生在不同的教室，存在管理问题，需要教师能够把控。但是，实践中发现，学生被分成小群体之后，纪律性和学习专注度往往更好。

（3）同一课时，仅把某层次的学生拉到另外一个课室上课，其他学生自习。这种操作在高三的部分复习课或自习课上可以实施，通常可用在给基础差的学生进行辅导上。因为优秀的学生也需要更多自主学习的时间。

（4）将同一个班级学生分成两个层次，用两个课时分别授课。其实就是把一个行政班分成两个学科班。这需要和另外一个学科共同配合完成，而且教师的工作量也增加了一倍；通常需要学校提前策划安排，教师只教授一个班，往往用于针对优秀学生进行个性化教学。

（5）学生和讲课内容都不分开，但是都各有兼顾，只在目标要求和课后作业上分层。

2. 作业分层的方式

（1）量的分层。所有学生完成基础的量，优生加量，加难度。这样操作比较方便，低层的学生也可以自由选择附加的作业。

（2）对同一知识内容，布置不同的作业。例如，学了一个话题后，优秀学生可以进行话题写作或者段落翻译，低一层次的学生可以进行相关话题句子的翻译。

（3）作业统一，过关标准不同。例如，对于听写，要求优秀学生90%过关，中等生70%过关，低层次的学生50%或者60%过关。这种要求可以与学生一起协商，进行更个性化的定制和约定。

3. 分层提问

我在上课时有个习惯，手中必须拿着一份学生名册，上面有学生的学科成绩及各科总成绩。课堂上，我提出不同难度层次的问题，会选择让合适的学生回答。另外，我也把被提问过的学生登记到名册中，保证每周每名学生至少被提问一次。

No.99 如何在升旗仪式讲话上谈英语学习?

E 的困惑

今年我担任备课组长，领导要求我在学生的升旗仪式讲话上谈谈英语学习的话题。这样的发言真不容易，观众、场合、气氛都对讲话的内容提出独特的要求。您有没有更好的建议呢?

W 的解答

我担任备课组长时就曾有过这样的一次发言，的确感到任务艰巨。我把当时的发言稿给你，希望可以起到参考作用。

尊敬的老师们，亲爱的同学们:

早上好!

今天是2012年2月13日，星期一，下面，我跟大家探讨一下"外语学习的意义"。

在战场上，为了保住军事秘密，让敌人搞不懂自己的语言，通常我们会采用一些秘密编码。而对手为了刺探军机，会想方设法弄懂对方加密的语言。在第二次世界大战中，盟军胜利破译了恩尼格码，使得盟军战胜德国纳粹的时间提前了两年，拯救了无数的生灵。

在二战期间，美国培训了大批会说德语的士兵，投入德国战场。

在和平建设时期，为了学习他国的科学技术，各国无不在大量培养外语人才。在全球化的趋势下，世界已经变成一个"地球村"，"村民"之间岂能有语言的障碍？

早在20世纪90年代，许多欧洲的国家把学习外语的起始年龄提早到8岁。目前，欧洲委员会教育机构已经明确提出，作为21世纪的欧洲公民，每名学生在毕业时必须学会两门外语。不少国家已经从幼儿园开始教学第一门外语，并在中学开设第二门外语。

在21世纪，无论你以后想成为政治巨头还是商业巨子，是做一名IT精英还是做一名技术工人，是做一名翱翔太空的飞机长还是做一名开的士的司机，懂得和掌握一门乃至多门外语都是必不可少的。眼下，我们都在为了能进入理想的大学而努力，外语更是你进入名牌高校的一把金钥匙。文科生学好会外语让你成为一名名副其实的文科生，理科生学好外语会让你如虎添翼。

13世纪到中国来的马可·波罗便精通多国语言；我国的林语堂、钱钟书等文学家也都是外语通。林语堂先生在谈到外语学习时就指出，学好外国语，不出模仿与朗诵。

学习外语要注重重复的练习，每字每句反复习诵数十次，背诵是学习外语的捷径。另外，学习不能中断，每天要抓住任何空隙的时间来学习，哪怕10分钟也好。

有的学生在外语学习面前怕风怯雨。究其原因，一是未能认识到学习外语的意义。二是缺乏毅力，不能持之以恒。

同学们，我们头上飘扬的五星红旗是无数先烈用鲜血换来的。他们为祖国奋勇杀敌，不怕流血和牺牲，我们难道还会惧怕在外语学习中流一点汗，吃一点苦吗？作为21世纪的祖国建设者，我们难道还能连一门外语都学不会吗？

同学们，为了挑起祖国建设的大梁，为了我们更加美好的明天，为了圆我们的大学梦，从今天起，开始加倍努力，攻克外语学习的壁垒吧！

谢谢！

No.100 什么是"VIP"备考模式?

？Ⓔ的困惑

我记得您提倡过VIP备考模式,能给我们详细解读一下吗?

Ⓦ的解答

其实,说能提出某种所谓的模式都有一定的夸张成分。学习不是某一种模式可以概括的,学习不应该只用一种固定模式。我提出"VIP"备考模式,更多的是希望自己的备考理念能够得到更多的关注,而不是认为"VIP"就一定能全面概括备考的所有要素。所谓的"VIP",其中:

V,即Vocabulary(代表词汇突破);

I,即Integration(代表综合运用);

P,即Passage(代表语篇承载)。

1. 词汇是核心

词汇是外语最重要的部分,这已经讨论过,就不再重复了。

2. 学习英语需要综合性能力

不能把英语学习当成是语音、词汇、语法等各项知识,听、说、读、写、看等各项技能,以及完形填空、阅读理解、语法填空、写作等高考题型的汇总。英语学习是综合能力的提升,只有全面提升综合能力后,英语高考的各个部分才能够被各个击破。

3. 语篇是学习英语的基础单位

不能因为词汇重要，就拿着词汇表来记忆。所有的英语学习都应该以语篇为依托，这样才是有意义的学习。这与《新课标》提倡的理念是一致的。

4. "大道至简、大气备考"

"VIP"备考模式，是基于我观察到高三教学中的一些问题，在"大道至简、大气备考"的总体思路下提出的操作模式。

目前，我们高三复习备考常见的问题可能有：

（1）被复习资料绑架。高考是我们的最高目标，高考题是我们的"圣经"。任何的复习资料都有其知识、对象、编写水平等方面的局限性。因此，教师要加强教学研究，不能"复习资料有，所以我要讲""复习资料有，所以要求学生做"。辅导书仅仅起辅助作用，高考备考的核心是学生学过的课本知识加上高质量的课外语篇。因此，教师一定要根据学生的实际选择复习参考书，以及对书上的内容进行适当取舍。

（2）对高考题的研究不足。只有研究透彻高考题，才能把握好教学方向，才能在教学中大胆取舍。高考的研究没有止境，我们任何人都不能说"我已经知道得够多了"。正因为对高考研究不足，我们才会被复习书牵着鼻子走，被各种不同的"专家"忽悠。

（3）试题的质量不高。因为对试题的研究不够，加上命题选题本身也是异常艰苦的工作，往往导致试题质量难以保证。不好的试题起不到练兵的作用，错误的答案更会浪费师生的时间。英语科可以多利用各省、各年的高考真题，这些题比模拟题或者普通的原创题作用更大。

（4）过于清晰的备考轮次划分。英语复习已经没有了明显"轮"次的界限了。"一轮"复习中应该穿插专题，让学生提高对高考题的感觉和信心；"二轮"复习中应该继续回顾之前学习的内容，因为遗忘是外语的最大敌人。过于清晰地划分高考备考的轮次，是因为没有注意到英语的综合性特点，没有始终用语篇作为学习英语的载体。

（5）语言点的复习过量。在语篇依托的理念下，语言点的复习不能按照常规思维，一定要达到某个数量。复习中应该考虑所学的语言点与高考的相关程度。完形填空和阅读理解题中需要用到的语言现象最好在泛读和半精读中积累。在写作题中需要用到的句型和语言大部分也可以在写作和背诵作文范文中积累。课本的语言点复习，要尽量控制在语法填空、短文改错和写作中有可能使用到的范围。

（6）过多地划分专项与技巧。一些教师总喜欢把自己或者其他"专家"经过大量研究总结出来的解题技巧和策略，分不同的专项教给学生。这些研究更多的是考后教师对高考试题的分析，学生在解题的过程中未必能够用上。学生真正的考试技巧的获得更应是在做优秀的试题中，通过实践和反思获得。学生需要的是实战的方法，而不是作战理论。

在对高考研究不足的背景下，在复习辅导书大量内容的绑架下，我们看到不少的高三复习过于复杂化，最后教师和学生一起都被搞晕了。其实，学英语没有那么多的方法，简简单单地把课文读好、读熟练，学习一定的语法知识，在语篇中记忆好词汇，学习好长难句，多积累些作文表达法，多朗读、多阅读，做一定量的优质试题，同时把语言更多地作为语言来学习，提高综合能力，高考自然就能考好了。而要能够这么简单的处理高考，其实是要基于对高考及语言学习的规律有充分研究的基础，即需要有底气。因此，我提出了"大道至简、大气备考"的"VIP"备考模式。

后 记▶

Ⓔ 小E老师

　　W老师，自从2018年7月17日开始，您决定连续100天每天帮我解答一个教学问题，不知不觉，您的100个问题已经伴随我100天了，看完您的文章，我受益匪浅，也恭喜您完成了100天的挑战！

Ⓦ W老师

谢谢小E！

Ⓔ 小E老师

W老师，我可以再问您一些问题吗？

Ⓦ W老师

当然可以！

Ⓔ 小E老师

请问您决定写100个问题的初衷是什么呢？

Ⓦ W老师

这个问题难以用一句话说清楚。

…… ……

说得高尚一些，是为教育事业贡献一点微薄力量。

说得励志一些，是对理想的执着。

说得科学一些，是人的某种需要（马斯洛的需求层次理论）。

说得玄乎一些，是找些事情打发时间。人生不就是找些自认为有意义或无聊的事情，打发时间吗？

W W老师

说得俗气一些，是爱慕虚荣，看到大家的点赞，心理还是美滋滋的。

说得宿命一些，天生就是辛苦命，认了。

E 小E老师

老师，您说得好像有点抽象……

W W老师

这么说吧，计划写100个问题时，我也很忐忑：我能否坚持写完？写出来的东西是否会幼稚（simple）和天真（naive）？很多专家、外语教育界的大师们看见了会不会笑话？……

直到我读到了一个段子：

寺庙里有两个小和尚，同样是征询老和尚是否同意他们抽烟，不同角度的询问却有不同的结果。

直率的小和尚问老和尚："师傅，师傅，我可以在念经的时候抽烟吗？"

老和尚怒不可遏："臭小子，信不信老子打死你。"

这时候聪明的小和尚换了一种问法："师傅，师傅，那我可以在抽烟的时候念经吗？"

老和尚高兴地说："当然可以，想不到你小子还有这觉悟。不错，孺子可教也。"

我本来就是一位普通的教师，学问不高，希望舒服，也爱玩。某一天，突然想写点儿东西，不管写得如何，别人总不会过于挑剔吧。

E 小E老师

老师，您这种对待事情的态度很好啊，我们做任何事情都能抱着这种心态，就不会有过多的包袱了。不过，我还是很惊叹，您能够在100天内，对这么多教学问题进行讲解，写了这么多内容。

ⓦ W老师

其实，我是一只蜗牛，做事真得很慢。在100天对这么多涉及高考英语研究、教学规划和实际操作的问题进行解答，还真是做不到！

可以说，这100个问题是我用过去10年的时间写的。

尽管形成现在所见到的文字，只是用了100天的时间，但是里面的思考和实践，却用了10年！

因此，写这100个问题，更多的是我对自己过去10年的一个交代吧。

10年前，度过了教师初期的我，对教学同样还有着很多困惑。于是，我开始了学习和研究。在导师何广铿教授的指导下，我掌握了基础的研究和思考方法，对一些问题进行了基于高考教学的研究，同时在个人和学校的教学中实践，在区域中推广，都取得了较好的效果。

2017年，离开了教学第一线，我怕自己很快会忘记过去10年所做的事情，就萌生要用文字把它们整理记录出来的想法。直到2018年世界杯结束后，受到球星们（尤其是C·罗）不懈努力的激励，觉得自己应该行动了。

ⓔ 小E老师

嗯，相信您的经验可以让更多的人受益。不过，您的工作区域在南海区，而网络上在大范围传播您的经验，这与您的工作有冲突吗？或者直接点说，您不怕别的地方"偷"了南海的经验，反过来超越南海吗？

ⓦ W老师

作为教研员，我工作的重心就是和教师分享并传播自己及他人的经验。平时，也会有不少教师与我讨论教学上的问题。有时候不同的教师提到的问题是一样的，这就需要多次重复表达我的观点。当我把100个问题都形成文字后，以后有教师问到其中的问题，我就可以直接推荐他们看我在书中的回答了。这是不是一种偷懒的方法呢？

Ⓦ W老师

至于您说的超越我工作区域的问题，嗯，这个问题的确存在，或许我的领导们也正在担心呢。毕竟，我首要的任务是南海区的英语教研和成绩。其他地区，从狭义层面上来讲，是我们的竞争对手。

不过，竞争与合作、保守与分享，始终是辩证的关系。毕竟，我与他人分享我的"苹果"的同时，我也吃了不少别人分享的"苹果"！做人不能太过于狭隘，心胸的大小决定了舞台的大小！

总之，我很乐于与更多的人分享自己的经验。有人愿意看我的东西，我就无比高兴了。作为教师，能经常有人愿意倾听，这也是教师的一大乐趣吧！

Ⓔ 小E老师

那我们在学习使用您的经验方法时，有什么需要注意的地方吗？

Ⓦ W老师

我不建议教师直接照搬我谈到的方法。方法的选择涉及多种因素，我更希望是通过100个问题能够启发教师一起思考、一起实践，做一个教学上的有心人。盲目照搬，有"东施效颦"或"邯郸学步"的风险。

其实，这也是我不怕把自己的做法对外宣传的原因之一。同样的菜谱，不同的厨师做出来的味道肯定是不同的。我的100个问题，应该是南海本地的教师阅读更多；菜谱的烹饪技巧，也应该是与南海的教师交流更多。

Ⓔ 小E老师

您在这100天的感受，可以和我们分享一下吗？

Ⓦ W老师

读书时，导师说过，做一个毕业论文，就好似十月怀胎生孩子一样，我也感同身受。用十月怀胎来形容这100天的历程，也差不多是这样吧。

或许以后还会有100个问题，但是肯定不是最近了。或许又是另外一个10年之后？谁知道！

100天，熬夜了一段时间，增添了一些白发。

100天，感谢家人的支持！

100天，感谢各位的点赞，你们的赞许给我增添了无穷的动力。

同时，感谢关注我公众号的朋友们。公众号或许在未来一段时间里不会经常有多大价值的东西分享，但是，未来，一定会有新的，一定会有独特的，一定会有能给读者带来惊喜的内容！我也更希望把我的教学公众号变成一个师生们交流心得经验的平台，切实地激励更多的学子。

如果这100天里，我在朋友圈、微信群或者QQ群上有打扰过大家的地方，现向大家表示深深的歉意！

最后，谢谢小E，提出了100个值得思考的问题。能够发现问题，离解决问题就不远了，说明你离名师也不远了！

Ⓔ 小E老师

谢谢老师的鼓励！我会努力的……

王宗迎

2018年10月26日